치매케어 상식 100가지

痴呆介護の 100 箇条

> **일러두기**
>
> 이 책의 원서인 『치매케어 100개조』는 일본의 치매케어 실정을 바탕으로 저술되었다. 따라서 한국의 현실과 맞지 않는 내용이 있어 일부는 삭제하거나 한국의 실정에 맞추어 다음과 같이 수정·재저술하였다.
>
> - **삭제된 항목**(일어판 항목 번호)
>   081 노인보건시설은 병원인가, 시설인가
>   082 노인보건시설은 장기간 입소하는 곳이 아니다
>   086 병원은 길어야 1년이다
>
> - **수정된 항목**(한국어판 항목 번호)
>   030 케어자는 요통으로 고통 받기 쉽다
>   056 죽음에도 질이 있다
>   058 치매에 걸렸더라도 최대한 본인의 의사를 존중하자
>
>   083 병원에도 여러 가지가 있다 → 084 병원에도 여러 종류가 있다
>   095 성년후견제도 → 094 한국의 후견인 제도

치매케어 상식 100가지
痴呆介護の 100 箇条

저자 | 사이토 마사히코(斉藤 正彦) · 역자 | 어흥선 · 감수 | 일본정신병원협회

노인연구
정보센터

머리말

    사회가 고령화되면서 치매노인의 숫자가 급격하게 늘어나고 있습니다. 일본 치매노인의 약 70%는 재가케어를 받고 있습니다. 그 숫자만큼 밤낮으로 치매노인을 케어하는 가족들이 있는 것이고, 그들의 노고가 얼마나 클지는 어렵잖게 짐작할 수 있습니다. 그 밖에 약 30% 정도는 시설이나 병원에서 치료나 케어를 받고 있지만 그 가족들에게도 당사자가 아니면 결코 알 수 없는 그들 나름의 어려움과 고충이 있을 것입니다. 그런 분들을 위해 현재 치매에 관한 많은 책들이 출판되고 있고, 텔레비전 신문 등 여러 가지 매체를 통해 보도되면서, 치매에 대한 이해의 폭이 조금씩 넓어지고 있습니다. 하지만 아직도 치매에 대한 올바른 인식이 턱없이 부족합니다.

    일본정신병원협회는 치매노인에 관해 다양한 관점에서 연구해 왔습니다. 이 과정에서 치매노인을 케어하고 있는 가족들이 현실에 대한 불만, 의문 사항, 케어 지원 서비스에 대한 욕구, 불안 등을 가지고 있다는 것을 분명히 알게 되었습니다. 따라서 치매를 제대로 이해하고 케어 방법을 숙지하는 것이 중요합니다. 이와 관련해 지금까지 많은 정보가 제공되었지만 그것이 실제적으로 도움이 되고 있는지는 의문입니다. 또한 어떤 마음으로 케어해야 하는지 잘 모르고 있는 것도 사실입니다.

  이 책은 이렇게 고심하고 있는 가족 케어자에게 실제적인 도움을 주기 위해 기획되었습니다. 치매노인을 케어하면서 부딪치게 되는 100가지 고충들에 대해 하나하나 성실하게 답하고, 치매에 대한 전반적인 사항들을 알기 쉽게 정리하려고 애쓴 결과물입니다. 매일 케어하느라 애쓰는 분들에게 조금이나마 보탬이 되길 바랍니다. 나아가 일반인들도 이 책을 통해 치매노인과 케어 가족에 대한 이해의 폭이 넓어지길 바랍니다.

  마지막으로 이 책을 집필해주신 경성회노년학연구소(慶成會老年學研究所) 대표 사이토 마사히코 선생님께 깊은 감사의 말씀을 전합니다.

2000년 1월
사단법인 일본정신병원협회

차례

머리말

Chapter 1 치매는 뇌의 병적인 변화이다

001 〈노망〉은 속어, 〈치매증〉은 의학 용어
002 뇌경색을 앓았다고 모두 치매에 걸리는 것은 아니다
003 치매는 정신과 신체의 모든 기능에 영향을 미친다
004 치매는 유전이 아니다
005 현재 치매성 질환을 치료하는 특효약은 없다
006 치매 예방에 특별한 방법은 없다
007 치료는 못해도 치매의 조기 발견, 조기 대응은 중요하다
008 치매, 완치는 못해도 증상을 억제하는 치료는 중요하다

Chapter 2 치매가 의심될 때

009 치매는 건망증에서부터 시작된다
010 단순한 건망증과 치매에 의한 건망증은 전혀 다르다
011 치매가 의심될 때는 정확하게 검사해보자
012 정확하게 진단해 주는 전문의를 수소문해서 찾는다
013 노인이 거부할 때는 가족이 대신 상담하러 간다

Chapter 3 치매라는 진단을 받았을 때

014 진단 결과는 모든 관계자가 들어야 한다
015 친척 및 주변사람도 이해할 수 있게 돕는다
016 케어플랜을 세우기 전에 꼼꼼히 확인하자
017 무조건 재가케어가 좋다고 단정짓지 말자

Chapter 4 재가케어를 할 때 주의할 점

018 의무감이나 주위 이목 때문에 치매케어를 떠안지 말자
019 전문의와 가정의 양쪽에 상담할 수 있게 해 둔다
020 서비스를 적절하게 활용하는 것이 중요하다
021 노인장기요양보험으로 케어 서비스 성격이 바뀐다
022 평소 응급 상황에 대비해 준비를 철저히 해두자
023 힘겹다고 생각될 때는 바로 SOS!
024 만일을 위해 입소 시설을 확인해 두면 안심할 수 있다
025 유료 노인복지시설도 잘 알아보고 선택하자
026 가족 케어에 정답이 있는 것은 아니다
027 치매케어가 끝난 뒤의 인생도 생각하자
028 재가케어만 고집하지 말자
029 케어하는 사람의 건강은 치매노인의 건강과 직결된다
030 케어자는 요통으로 고통받기 쉽다
031 아내가 케어를 맡았다면 남편은 적극적으로 지지한다

Chapter 5 치매를 케어할 때 주의할 점

032 백 가지 기술보다 진심 어린 마음이 더 중요하다
033 케어받는 걸 꺼려할 때는 기다리는 게 낫다
034 치매노인의 이야기에 귀 기울여 준다
035 모든 것을 수용한다는 것은 누구라도 불가능하다
036 짜증이 날 정도로 몇 번이나 같은 것을 묻는다
037 상대나 장소에 따라 태도가 바뀌는 것은 치매 증상의 하나이다
038 치매노인을 가르치려 하지 말자
039 자신이 봐도 거부감이 드는 것은 강요하지 말자
040 치매에 걸렸다고 지금까지의 삶이 사라지는 것은 아니다
041 자식이나 손자는 잊어도 부모는 잊어버리지 않는다

Chapter 6 치매노인의 일상생활 지원

042 할 수 없는 일을 자연스럽게 도와주는 것이 중요하다
043 실수의 원인이 무엇인지 잘 관찰하면서 케어하자
044 케어는 정면에서 말을 걸면서 시범은 나란히 같은 방향에서
045 어떤 상황인지 설명하면서 케어한다
046 치매가 악화되면 삼키거나 뱉지 못한다
047 먹는 것과 관련된 장애도 여러가지
048 빈뇨, 변비, 설사를 주의 깊게 관찰하자
049 기저귀를 채우기 전에 시도해 볼만한 방법들
050 기저귀 착용은 누구나 싫어한다
051 목욕 케어를 할 때는 특별히 주의하자
052 옷 갈아입는 것을 도울 때는 자연스럽게

053 가만히 앉혀두지 말고 차라리 누워서 쉬게 하자
054 누워서 지내는 상태에서도 운동은 할 수 있다
055 식사 후 입안을 청결하게 할 때도 주의해야 한다
056 죽음에도 질이 있다
057 임종기는 조용히 다가온다
058 치매에 걸렸더라도 최대한 본인의 의사를 존중하자

Chapter 7 행동·심리증상이 나타날 때

059 응급상황에 대비해 미리 대책을 세우자
060 자택에서는 배회행동에 대응하기 어렵다
061 배회 행동의 이유를 반드시 확인하자
062 도둑망상
063 망상이 계속 발전할 때는 주의 깊게 살펴보자
064 〈불결행동〉이라는 증상은 없다고 여기자
065 불면증을 없애려면 먼저 생활리듬을 바로잡아야 한다
066 야간 섬망이 나타나면 성격이 완전히 뒤바뀐다
067 음식물이 아닌 것을 먹더라도 침착하게 대응한다
068 수집증이 반복되더라도 계속 정리해 주어야 한다
069 폭력의 원인을 파악하는 게 가장 중요하다
070 전기레인지를 사용하는 것이 안전할까?

Chapter 8 재가케어를 할 때

071 방문요양 서비스에도 여러 종류가 있다
072 주·야간보호 서비스를 잘 활용하자
073 단기보호 서비스 활용 방법
074 목욕 서비스를 적극적으로 이용하자
075 필요하다면 케어 용구를 창의적으로 개발해보자
076 그 밖의 재가케어 지원 서비스
077 자원봉사자에게 내가 봉사한다는 마음으로!

Chapter 9 복지시설(노인 입소시설)의 이용

078 노인 입소시설이란?
079 노인 입소시설은 지역에 따라 오래 기다려야 할 경우가 있다
080 노인장기요양보험이 노인 입소시설을 바꾼다

Chapter 10 유료 노인 입소시설의 이용

081 계약하기 전에 시설 경영 상태를 꼭 확인하자
082 유료 노인입소시설의 케어 내용을 꼼꼼히 확인하자
083 이용요금이 비싼 입소시설도 활용하기 나름

Chapter 11 의료기관의 이용

084 병원에도 여러 종류가 있다
085 「불쌍해서 정신병원에 어떻게 보내요」라고 생각하는 것은 큰 오해!
086 입원 치료엔 자기 부담액이 있으니 꼭 확인하자

Chapter 12 시설을 선택하는 방법

087 병원 및 시설은 미리 알아두자
088 시설은 직접 방문해서 살펴보고 청결한지 확인하자
089 노인 요양 공동생활가정(그룹 홈)도 장점만 있는 것은 아니다
090 노인 요양 공동생활가정을 선택할 때 주의할 점

Chapter 13 치매케어에서의 자기 결정

091 〈자기 결정〉 문제는 어렵지만 피해 갈 수 없다
092 독선은 실수의 시작
093 입원이나 입소 결정은 어떻게 할 것인가?

Chapter 14 재산 문제를 해결하는 방법

094 한국의 후견인 제도
095 재산과 관련된 일들은 미리 처리해두자

Chapter 15 임종기의 의료 · 케어

096 〈삶의 질〉의 함정
097 모든 친지에게 마음의 준비를 할 시간을 주자
098 당사자인 치매노인은 어떻게 생각할까?
099 소생술은 의사의 본능
100 만일을 대비해 두면 걱정할 필요가 없다

부록 노인장기요양기관 우수 평가 기관

- 2009년도 입소시설 우수 평가 기관
- 2010년도 재가장기요양기관 최우수 평가 기관

Chapter 1

치매는 뇌의 병적인 변화이다

001 〈노망〉은 속어, 〈치매증〉은 의학 용어
002 뇌경색을 앓았다고 모두 치매에 걸리는 것은 아니다
003 치매는 정신과 신체의 모든 기능에 영향을 미친다
004 치매는 유전이 아니다
005 현재 치매성 질환을 치료하는 특효약은 없다
006 치매 예방에 특별한 방법은 없다
007 치료는 못해도 치매의 조기 발견, 조기 대응은 중요하다
008 치매, 완치는 못해도 증상을 억제하는 치료는 중요하다

001

〈노망〉은 속어, 〈치매증〉은 의학 용어

치매란 「인간이 오랫동안 쌓아온 기억이나 지적인 능력 등 정신적인 능력이 저하되는 병」을 의미합니다. 치매에 걸리면 기억력이나 이해력이 떨어질뿐 아니라 감정을 조절할 수 없게 되고, 세상사에 의욕이 사라집니다. 게다가 치매가 악화되면 일상적인 생활에 문제가 생깁니다. 치매는 여러 가지 질병이나 상처에 의해 뇌에 장애가 생겨 발병하는 것으로, 일반적인 노화현상 때문에 나타나는 건망증과는 전혀 다릅니다.

또한 흔히 〈노망〉이라는 말을 쓰는데, 이것은 〈치매증〉이라는 질병과 일반적인 노화 현상을 동시에 지칭하는 속어입니다.

Tip 정상적인 노화

사람의 신체 상태는 나이가 들면서 점점 변합니다. 계단을 오를 때 숨이 차고 조금만 무리해도 힘이 들고, 감기에 걸리면 좀처럼 낫지 않게 됩니다. 이런 현상을 〈노화〉라고 부릅니다. 또한 정신 기능도 쇠퇴합니다. 기억력이 나빠지고 깜빡깜빡 잊어버리는 일이 많아지며, 계산 능력이 떨어지기도 합니다. 노화의 속도는 사람마다 그 정도가 다르고, 사람들은 각자 자신이 늙어간다는 것을 의식하여 거기에 적응해 나갑니다. 뭔가 자꾸 잊어버린다면 메모하는 습관을 들이거나 자주 확인하면 됩니다. 이것은 치매에 걸린 사람이 〈잊어버리는〉 것과는 질적으로 다른 것입니다. 치매노인도 처음에는 자신이 잘 잊어버린다는 것을 깨닫고 메모를 하기도 하지만, 이윽고 메모했다는 사실 자체를 잊어버리게 됩니다. 말하자면 자신이 잊어버렸다는 사실을 잊게되는 것입니다.

002
뇌경색을 앓았다고 모두 치매에 걸리는 것은 아니다

치매의 종류에는 뇌혈관에 이상이 생겨서 발병하는 〈혈관성 치매〉와 뇌 세포가 죽어서 뇌 전체가 줄어들기 때문에 생기는 〈알츠하이머형 치매〉가 있습니다. 뇌경색을 앓은 적이 있다면 혈관성 치매에 걸릴 확률이 높지만 뇌경색을 앓았다고 해서 모두 치매에 걸리는 것은 아닙니다. 하지만 과거에 뇌경색이 발병한 적이 있다거나 고혈압이나 당뇨 등 질환을 앓았던 사람이 혈관성 치매에 걸릴 확률이 높은 것은 사실입니다. 따라서 무리하지 말고 심신의 안정을 취하는 것이 중요합니다.

Tip 뇌경색

　뇌 세포는 혈액을 통해 산소와 영양을 공급받아 활동하고 있습니다. 〈뇌경색〉이란 혈관이 좁아지거나 막혀서 뇌 일부에 혈액이 공급되지 않아 그 부분의 뇌세포가 죽게되는 현상을 말합니다. 혈관이 막히는 데는 여러 가지 원인이 있는데, 혈관 속에서 혈액이 굳어버리는 동맥경화와 같이 주로 혈관 자체에 문제가 있는 경우가 많습니다.

003

치매는 정신과 신체의 모든 기능에 영향을 미친다

뇌는 인간의 정신과 신체의 모든 움직임을 조절하는 사령탑입니다. 따라서 뇌가 손상되면 정신과 신체의 모든 기능에 장애가 일어납니다. 치매는 넓은 범위에 걸쳐 뇌 세포가 죽어 발병하는 질병이기 때문에 기억력이나 이해력이 떨어지고, 감정을 잘 조절하지 못하고, 성격이 변하기도 합니다. 또한 지남력 장애가 일어나는 등 정신적인 기능도 저하됩니다. 뿐만 아니라 배설이나 옷 입고 벗기, 목욕 등 기본적인 활동 능력에 장애가 생기고 더 나아가서는 보행 장애 등 운동 능력도 떨어집니다.

Tip) 지남력 장애

〈지남력〉이란 시간, 장소, 인물, 주변 상황 등을 바르게 인식하는 것을 말합니다. 지남력에 장애가 생기면 가족을 못 알아보거나 날짜, 계절 등을 인지하지 못합니다. 때로는 자신이 있는 장소가 어디인지 인식하지 못하기도 합니다.

004 치매는 유전이 아니다

치매의 원인질환은 대부분 유전되지 않습니다. 하지만 가족 중에 알츠하이머형 치매에 걸린 사람이 있다면 그렇지 않은 경우보다 치매에 걸릴 확률이 약간 높습니다. 혈관성 치매 역시 그 원인질환인 고혈압, 당뇨, 심장 질환 등에 걸리기 쉬운 체질이 유전되기 때문에 가족 중에 이런 질병이 많다면 주의해야 합니다.

무엇보다 치매의 원인질환에 걸리거나 상태가 악화되지 않도록 건강을 관리해야 합니다.

> **Tip** 알츠하이머형 치매와 혈관성 치매

　치매의 원인이 되는 대표적인 질병으로는 알츠하이머형 치매와 혈관성 치매가 있습니다. 알츠하이머형 치매는 뇌 전체의 세포가 서서히 죽으면서 뇌의 크기가 줄어드는 질병이기 때문에 건망증으로 시작되어 마치 내리막길을 내려가는 것처럼 진행됩니다. 아직 예방법이나 완치 방법은 발견되지 않았습니다.

　한편 혈관성 치매는 뇌출혈, 뇌경색 혹은 동맥경화 등이 원인으로 뇌의 신경세포가 죽기 때문에 발병합니다. 어떤 계기를 통해 비교적 급작스럽게 시작되긴 하지만, 질병의 기세가 약해지면서 진행이 멈추는 경우도 있습니다. 대부분 또 다른 원인에 의해 급격하게 악화되며, 마치 계단을 내려가는 것처럼 진행됩니다. 고혈압이나 당뇨병, 심장병 등 뇌혈관 장애를 일으키는 질병을 예방하면 혈관성 치매에 걸릴 확률을 어느 정도 낮출 수 있습니다.

005

현재 치매성 질환을 치료하는 **특효약은 없다**

현재까지는 치매성 질환을 치료하거나 진행을 멈추게 하는 특효약은 없습니다. 의사가 처방해주는 〈항치매제〉는 알츠하이머형 치매 초기에 나타나는 증상을 일시적으로 개선하거나 진행을 늦추는 효과는 있지만 치매의 진행을 완전히 멈추게 할 수는 없습니다. 또한 혈관성 치매는 진행이 멈춘 것처럼 보이거나 병세가 약간 호전된 것처럼 여겨지는 경우가 있습니다. 하지만 이것은 약물의 효과만이 아니라, 환경이나 심리적인 지원 등 여러 가지 요인이 복합적으로 작용했기 때문이라고 할 수 있습니다.

006

치매 예방에
특별한 방법은 없다

혈관성 치매는 고혈압, 저혈압, 고지혈증, 당뇨병, 부정맥, 심장질환 등 혈관 장애의 원인이 되는 질병을 조기에 발견하여 적절하게 치료하면 어느 정도 예방이 가능합니다. 반면 알츠하이머형 치매는 지금까지 연구된 바로는 효과적인 예방법이 없습니다. 최근 「치매를 예방하는 방법 ○○가지」와 같은 정보가 유행하고 있지만 그런 방법들은 생리적인 노화를 잠시 늦추는 데는 효과가 있을지 모르지만, 치매 예방에 효과가 있는지는 검증된 바 없습니다. 따라서 치매일지도 모른다고 걱정하며 불안해 하기보다는 〈자신의 생활 방식을 유지하면서〉 살아가는 게 스트레스를 덜 받기 때문에 훨씬 좋습니다.

007
치료는 못해도 치매의 조기 발견, 조기 대응은 중요하다

치매가 의심될 때는 최대한 빨리 전문의에게 진단을 받는 것이 중요합니다. 그 이유는 치매가 의심되기 시작했을 때 발견하여 조기에 치료하면 증세가 나아지는 질병이 많기 때문입니다. 또한 치료할 수 없는 알츠하이머형 치매나 혈관성 치매에 걸렸다 해도 빨리 진단을 받아합니다. 장기적인 관점으로 바라보아서 적절한 치료를 받는다면 노인이나 케어하는 가족도 불필요한 노력을 낭비하지 않고 좀 더 편안한 시간을 보낼 수 있기 때문입니다.

> **Tip** 치료가 가능한 치매라고 알려져 있는 질병

　치매와 증상이 비슷한 질병으로, 정확한 진단을 받고 치료하면 증세가 나아지는 질병들을 말합니다. 가성(假性)치매, 우울증, 섬망, 의식 장애, 약물 과다 복용, **만성 경막밑혈종**, **정상압물뇌증**normal pressure hydrocephalus, 뇌종양 등이 있습니다.

● 만성 경막밑혈종
뇌를 둘러싸고 있는 경질막 밑에서 출혈이 발생한 것을 의미합니다. 보통 뇌가 위축된 상태에서 머리에 외상을 입었을 때 발생합니다. 출혈은 서서히 진행되며 외상 후 몇 주 안에 두통, 구토, 한쪽 마비, 언어 장애, 보행 장애 등이 나타납니다.

● 정상압물뇌증
뇌 안의 압력은 정상이지만 뇌실이나 거미막밑 공간에 수액이 지나치게 많이 고여서 그 부분이 팽창된 상태를 말합니다. 뇌척수액을 흡수하는 거미막에 장애가 생기면 발병하며, 중년 이상의 사람들에게 나타나는 물뇌증의 일종입니다. 진행성 치매, 불안정한 보행, 정상적인 뇌 척수압이 특징입니다.

008

치매, 완치는 못해도 **증상**을 억제하는 **치료**는 중요하다

치매는 질병이기 때문에 케어와 함께 의학적인 치료도 중요합니다. 의학·심리학적 검사는 진단에 도움을 줄 뿐 아니라 합리적인 케어의 기초가 됩니다. 또한 케어자가 편안한 마음으로 케어할 수 있게 해주며 치매노인의 고통도 줄여줍니다. 케어를 힘겹게 만드는 행동증상이나 환각, 망상, 수면 장애, 섬망 등의 심리증상은 적절한 약물치료를 병행하면 극적으로 좋아지는 경우도 있습니다. 약물치료는 부작용의 위험이 있지만 심리치료나 작업치료, 레크리에이션 치료 등은 보다 안전하고 효과적입니다.

Tip 치매 검사

치매를 진단하려면 일반적인 신체검사(뇌 기능에 영향을 줄 가능성이 있는 치료 가능한 질병을 발견하기 위해 검사함) 외에도 CT(컴퓨터 단층촬영)나 MRI(자기공명영상)처럼 뇌의 형태를 보는 화상검사, SPECT(단일광자 단층촬영)나 PET(양전자 단층촬영)처럼 뇌의 기능을 관찰하는 화상검사, 뇌파검사, 심리검사(기억, 지능, 마음 상태 등을 파악) 등이 필요합니다. 하지만 이런 검사들은 비용이 많이 들고 노인들은 검사 자체에 큰 스트레스를 받을 수 있기 때문에, 전문의와 상담하면서 불필요한 검사는 되도록 줄이고 최소한의 검사를 효과적으로 진행해야 합니다.

Chapter 2

치매가 의심될 때

009 치매는 건망증에서부터 시작된다
010 단순한 건망증과 치매에 의한 건망증은 전혀 다르다
011 치매가 의심될 때는 정확하게 검사해보자
012 정확하게 진단해 주는 전문의를 수소문해서 찾는다
013 노인이 거부할 때는 가족이 대신 상담하러 간다

009
치매는 건망증에서부터 시작된다

가족들이 노인의 치매를 알아차리게 되는 것은 역시 건망증 때문인 경우가 많습니다. 하지만 처음에는 단순한 〈노화〉인지 치매에 의한 〈건망〉인지 좀처럼 판단하기가 어렵습니다. 하지만 잊어버렸다는 것을 지적해도 금방 떠올리지 못하거나 새로운 일을 전혀 기억하지 못할 때는 주의깊게 관찰해야 합니다. 그 밖에도 항상 해왔던 집안일에 실수가 많아지거나 판단력이 둔해지고 자신감이 사라지면서 공격적인 성향을 보인다거나 쉽게 화를 내는 성격으로 바뀌는 경우도 있습니다.

010
단순한 **건망증**과 **치매**에 의한 건망증은 **전혀 다르다**

나이가 들면 새로운 일을 기억하지 못하거나 다른 사람의 이름을 잘 떠올리지 못하는 등 건망증이 나타나는 것은 당연한 일입니다.

그렇다면 단순한 건망증과 치매로 인한 건망증은 어떻게 다른 것일까요? 정상적인 사람들도 나이가 들면 알고 있던 것을 잘 생각해 내지 못하거나 새로운 사실을 잘 기억하지 못하는 일이 많습니다. 하지만 정상적인 건망증은 나중에 설명을 하면 「아아, 그랬지」하며 생각을 해냅니다. 반면 치매는 잊었다는 사실 자체를 잊어버리기 때문에 건망증을 거의 자각하지 못하거나 나중에 지적해도 기억해 내지 못합니다. 증상이 심해지면 최근의 기억들부터 조금씩 잊어버리게 되고, 결국 자신의 이름이나 생일까지 잊게 됩니다.

011

치매가 의심될 때는 정확하게 검사해보자

치매 초기에는 전문의라 해도 정확한 진단을 내리기가 매우 어렵습니다. 하지만 고민만 하기 보다는 믿을 수 있는 의료기관을 찾아가서 상담을 받는 것이 좋습니다. 조기에 제대로 진단을 받기 위해서는 경험이 많은 의사가 필요할 뿐 아니라, CT나 MRI 등의 화상진단이나 심리검사를 받는 것이 중요합니다. 간혹 신체적인 질병에 의해 치매와 비슷한 증상이 나타나는 일도 있기 때문에 신체적인 질병과의 관계를 정확하게 진단할 수 있는 병원이라면 안심할 수 있을 것입니다.

Tip 형태화상과 기능화상

　　CT나 MRI처럼 뇌의 형태를 보는 검사를 형태화상, SPECT나 PET처럼 뇌에 흐르는 혈액의 양이나 세포의 대사 상태를 살피는 검사를 기능화상이라고 부릅니다. 그 외에도 뇌혈관 상태를 볼 수 있는 MRS라는 검사도 있습니다. 이러한 장비들을 이용하여 뇌의 형태나 뇌세포의 활동 상태를 확인할 수 있습니다. 이런 검사들은 아프지는 않지만 오랫동안 혼자 좁은 공간에 들어가 있어야 하기 때문에 이미 치매에 걸린 노인에게는 스트레스가 될 수 밖에 없습니다. 따라서 어느 정도 치매라는 확신이 든다면, 정확한 검사 방법이라고 해서 너무 무리하게 검사를 받을 필요는 없다고 생각합니다.

012

정확하게 진단해 주는 전문의를 수소문해서 찾는다

치매는 정신과, 신경과 등에서 진단을 받을 수 있습니다. 하지만 이런 진료과가 있다고 아무 병원이나 무턱대고 찾아가도 항상 치매 전문의가 대기하고 있는 것은 아닙니다. 치매를 정확히 진찰해 주는 믿을만한 의사를 찾으려면 〈치매가족협회〉 등에 전화를 걸어 경험자들에게 정보를 얻거나 자주 찾아가는 병원이나 보건소, 주민센터의 노인복지과의 도움을 받는 것이 좋습니다. 하지만 책을 많이 냈다거나 텔레비전에 자주 나오는 의사라고 해서 꼭 좋은 의사라고 단정할 수는 없습니다.

> **Tip** 한국 치매가족협회

　치매가족협회는 치매노인을 돌보고 있는 가족들 간의 교류를 통해 치매에 대한 이해를 돕고, 치매노인과 그 가족이 지역사회 안에서 지속적으로 생활해 나갈 수 있도록 지원하기 위해 1991년에 설립되었습니다. 그동안 노망이나 망령 등으로 편견을 받고 있던 치매를 〈뇌의 질병〉으로 인식시키는 데 앞장서 왔고 전화 및 인터넷 상담, 가족모임, 치료 및 예방 교육은 물론 배회구조센터 운영, 소식지 발행, 노인용품 소개 등 치매와 관련된 다양하고 정확한 정보 및 서비스를 제공하고 있습니다.

- 홈페이지 http://www.alzza.or.kr
- 전화 상담 02-431-9933

013
노인이 거부할 때는
가족이 대신 상담하러 간다

치매노인에게 사정이 있어 의료기관에 데려갈 수 없을 때는 우선 가족이 대신 상담을 받도록 합시다. 지역 보건소 등에도 상담 창구가 있지만 치매라는 것이 확실치 않은 단계에서 상담을 받는 것이라면 노인정신의학에 정통한 의사가 있는 병원을 찾는 것이 좋습니다.

Chapter 3

치매라는 진단을 받았을 때

014 진단 결과는 모든 관계자가 들어야 한다
015 친척 및 주변사람도 이해할 수 있게 돕는다
016 케어플랜을 세우기 전에 꼼꼼히 확인하자
017 무조건 재가케어가 좋다고 단정짓지 말자

014
진단 결과는
모든 관계자가 들어야 한다

　　　　　　병원에서 초진을 받은 이후에 검사 결과가 나오면 진단과 함께 이후의 상태나 경과 등을 듣게 됩니다. 치매에 걸린 당사자에게도 가능한 한 정확한 정보를 전달하고 본인의 바람이나 의향을 듣는 것이 좋습니다. 이렇게 되면 케어할 때도 도움이 되고 본인의 마음도 편안해 질 수 있습니다. 하지만 만약 치매노인이 인지 능력을 모두 상실했다면 실제로 케어하는 사람뿐만 아니라 관련된 사람들 모두 의사의 설명을 듣는 것이 좋습니다. 간혹 자녀들이 많은 경우 한 사람이 대표로 의사의 설명을 듣고 나중에 다른 사람들에게 전하는 경우가 있습니다. 하지만 도중에 정보가 잘못 전달되어 케어를 주로 담당하는 사람의 케어 방법에 대해 다른 형제들이 불만을 갖거나 케어할 때 드는 비용 부담, 유산 상속 등으로 가족들 사이에 분쟁이 일어날 수도 있습니다. 따라서 그런 갈등이 생기지 않도록 처음부터 가족 모두 적극적으로 동참하는 것이 중요합니다.

015
친척 및 주변사람도 이해할 수 있게 돕는다

친척이라도 각자의 입장이나 가족 관계에 따라 케어에 관여하는 방식이 다양합니다. 질병에 대한 정보는 기본적으로 본인의 사적인 부분이기 때문에 무조건 다 알리는 것만이 능사는 아닙니다. 평소에는 그다지 왕래가 없었던 형제나 친척이 케어 방법이나 대응방식에 대해 참견하는 바람에 예기치 않은 갈등이 일어나는 경우도 많습니다. 이와 같은 사태가 예상될 때는 미리 최소한의 정보를 객관적으로 알려두는 편이 좋습니다.

016

케어플랜을 세우기 전에 꼼꼼히 확인하자

케어플랜을 세우기 전에 잘 이해되지 않는 부분은 진단을 내린 의사나 보건소 등에 문의하도록 합시다. 만약을 대비해서 입원할 의료기관이나 신체적 질병 및 상처를 치료해줄 병원이 근처에 있는지, 왕진해 줄 의사가 있는지, 지역의 복지서비스 현황은 어떤지 등을 꼼꼼히 확인하는 것이 좋습니다. 복지 서비스 목록만 보면 뭐든 다 갖추고 있는듯 보이지만 급식 서비스가 일주일에 1번밖에 되지 않는다든지, 장기간 대기해야 하는 입소시설 등도 있습니다. 따라서 구체적으로 확인해 보는 것이 중요합니다.

017

무조건 재가케어가 좋다고 단정짓지 말자

자택에서 케어를 받는 게 가장 좋다고 생각하는 것은 환상입니다. 재가케어와 시설 케어는 각각 장단점이 있습니다. 가족 중에도 잘 적응하는 사람이 있는가 하면 그렇지 못한 사람도 있습니다. 요즘도 치매노인을 집에서 돌보는 것이 며느리의 의무라고 생각해서 케어를 강요하는 경우가 많습니다. 그럴 때는 적어도 며느리만이 아니라 아들에게도 어떤 형태로든 책임감을 갖게 할 필요가 있습니다. 세간의 편견이나 친족들이 제멋대로 간섭하지 않도록 실제 케어하는 사람을 어떻게 도와야 할지 가족 전원이 진지하게 의논하는 것이 좋습니다.

Chapter 4

재가케어를 할 때 주의할 점

018 의무감이나 주위 이목 때문에 치매케어를 떠안지 말자
019 전문의와 가정의 양쪽에 상담할 수 있게 해 둔다
020 서비스를 적절하게 활용하는 것이 중요하다
021 노인장기요양보험으로 케어 서비스 성격이 바뀐다
022 평소 응급 상황에 대비해 준비를 철저히 해두자
023 힘겹다고 생각될 때는 바로 SOS!
024 만일을 위해 입소 시설을 확인해 두면 안심할 수 있다
025 유료 노인복지시설도 잘 알아보고 선택하자
026 가족 케어에 정답이 있는 것은 아니다
027 치매케어가 끝난 뒤의 인생도 생각하자
028 재가케어만 고집하지 말자
029 케어하는 사람의 건강은 치매노인의 건강과 직결된다
030 케어자는 요통으로 고통받기 쉽다
031 아내가 케어를 맡았다면 남편은 적극적으로 지지한다

018

의무감이나 주위 이목 때문에 치매케어를 떠안지 말자

치매케어는 단순히 의무감이나 남들의 이목 때문에 어쩔 수 없이 할 수 있을만한 수준의 것이 아닙니다. 냉정하게 자신의 마음가짐이나 주변 상황을 충분히 고려한 후에 결정하는 것이 좋습니다. 아무리 생각해도 좋은 마음으로 케어할 수 없다거나 케어하고 싶은 생각은 있지만 자신의 일이 더 중요하다면 신중하게 고민해야 합니다. 짧게 잡아도 10년 이상 걸리는 케어가 끝난 뒤에 찾아올 자신의 노후도 생각해야 합니다.

019

전문의와 가정의 양쪽에 상담할 수 있게 해 둔다

재가케어를 할 때는 치매에 대해 자세히 아는 전문의(專門醫)와 신체적 질병에 대해 잘 아는 가정의(家庭醫) 양쪽에 상담할 수 있는 시스템을 갖춰 두는 것이 중요합니다. 일반적으로 노인은 여러 가지 질병을 동시에 앓고 있는 경우가 많기 때문에, 치매에 걸리면 정신기능뿐만 아니라 신체 기능에도 장애가 일어납니다. 정확한 진단이나 향후 진행 과정에 대해 설명해 주는 전문의와 일상적인 신체 건강 상태에 대해 상담할 수 있는 가정의가 있으면 집에서도 안심하고 케어할 수 있습니다.

020

서비스를 적절하게 활용하는 것이 중요하다

재가케어를 지속적으로 잘해내기 위해서는 단기보호나 주·야간보호 서비스 등을 적절히 활용하는 것이 중요합니다. 간혹 「단기 보호 서비스를 이용했다가 몸이 더 안좋아졌다」거나 「나중에 오히려 더 힘들었다」는 이야기를 듣는 경우가 있습니다. 따라서 처음에는 하루나 이틀로 시작해서 노인이 시설에 어느 정도 익숙해진 뒤에 일주일로 늘려서 단기 입소를 시키는 것이 무난합니다.

> **Tip** 단기보호(short stay)

　부득이한 사정에 의해 일시적으로 가족의 보호를 받을 수 없는 수급자를 일정기간 단기보호 시설에 보호하여 신체활동 지원 및 심신기능의 유지·향상을 위해 교육, 훈련 등을 제공하는 장기요양급여를 말합니다. 구체적으로 식사 케어, 목욕 케어, 취미·오락·운동 등 일상생활 지원 등을 제공하는 서비스입니다.

　단기보호 급여를 받을 수 있는 기간은 1회 90일 이내 이용일수는 연간 180일을 초과할 수 없습니다. 위의 일수를 초과했을 때는 급여가 인정되지 않으며 비용 전액을 본인이 부담해야 합니다.

> **Tip** 주·야간보호

　하루 중 일정한 시간동안 수급자를 장기요양기관에 보호하여 신체활동을 지원하고 심신 기능의 유지 및 향상을 위한 교육, 훈련 등을 제공하는 장기요양급여를 의미합니다. 구체적인 서비스 내용으로는 송영 서비스, 목욕 서비스, 급식 서비스, 실내 간호 서비스, 기능회복훈련 서비스, 치매관리지원 서비스 등이 있습니다.

021

노인장기요양보험으로
케어 서비스 성격이 바뀐다

기존의 복지서비스는 행정조치에 의해 이뤄지고 있었습니다. 하지만 노인장기요양보험의 도입으로 이용자와 서비스 제공자 사이에 계약을 체결하는 방식으로 바뀌게 되었습니다. 지금까지는 요양급여를 신청하게 되면 모든 권한을 행정기관이 가지고 있었기 때문에 이용자가 선택할 수 있는 사항이 거의 없었습니다. 하지만 노인장기요양보험에서는 스스로 서비스 제공 기관을 선정하여 이용 계약을 맺게 됩니다. 즉 자신에게 맞는 서비스를 선택할 수 있게 된 것입니다. 노인들은 더 이상 자녀들에게 부담을 주지 않고 체계적이고 전문적인 서비스를 받을 수 있고, 주 케어자였던 중장년층은 정신적, 육체적, 경제적 부담에서 벗어나 경제·사회활동에 전념할 수 있게 되었습니다. 아직 미흡한 점도 많지만 모두 협력하면 앞으로 크게 발전하게 될 것입니다.

022

평소 응급 상황에 대비해 준비를 철저히 해두자

치매뿐만 아니라 노인을 케어하다 보면 응급 상황이 일어나기 마련입니다. 케어하는 사람이 노인일 경우에는 이런 상황에서 위험성이 훨씬 더 커질 수밖에 없습니다. 신체 상태가 급격히 나빠졌을 때 데려갈 병원, 케어하는 사람의 신변에 위급한 변화가 있을 때 노인을 맡길만한 시설 등은 여유가 있을 때 미리 찾아두는 것이 좋습니다. 재가 케어가 어려울 때를 대비해, 장기 입원이나 입원 가능한 시설들도 찾아 둡시다. 오랫동안 대기해야 하는 경우가 있기 때문에 이런 시설에 미리 신청해 두는 것도 한 가지 방법입니다.

023
힘겹다고 생각될 때는
바로 SOS!

지혜롭게 케어하려면 무엇보다 케어하는 사람의 마음이 편안해야 합니다. 지금까지 즐거웠던 일들이 조금도 즐겁지 않다거나, 전에는 전혀 걱정되지 않았던 일들 때문에 안절부절못하는 등 평소답지 않은 반응이 나타나는 것은 케어하는 사람의 몸과 마음이 경고 신호를 보내고 있다는 증거입니다. 그럴 때는 케어를 중단하고 쉴 수 있는 방법을 찾아봐야 합니다. 노인장기요양보험이 시행되면서 케어의 질이 많이 개선되었습니다. 단기보호 서비스를 이용하는 것도 굉장히 유용할 수 있습니다. 또한 어려운 상황에 부딪쳤을 때 고민을 들어줄 만한 사람을 곁에 두는 것도 아주 중요합니다.

024

만일을 위해 **입소 시설을 확인**해 두면 **안심**할 수 있다

　　　　　일단 재가케어를 하기로 했더라도 만일을 위해 입소 시설을 미리 견학해 두는 것이 좋습니다. 장기 입소할 수 있는 시설이나 병원들은 비용, 입소 절차, 케어 방법 등에 각각 큰 차이가 있습니다. 열심히 발품을 팔아서 미리 좋은 시설을 알아두면 언젠가 가족들이 케어하기 어려워졌을 때 차선책이 될 수 있을 뿐 아니라, 재가케어를 하면서도 한결 마음의 여유가 생길 것입니다.

025

유료 노인복지시설도
잘 알아보고 선택하자

유료 노인복지시설은 대체로 이용료가 비싼 것으로 알려져 있지만 뜻밖에 저렴하면서도 서비스가 좋은 복지시설도 있습니다. 또한 노인장기요양보험이 적용되어 비용이 훨씬 적게 드는 곳도 있습니다. 정기적인 이용료는 매우 비싸지만 기간 한정으로 개호노인복지시설에 입소하면 별도 요금으로 싸게 받아주는 곳도 있습니다. 비어있는 개인실을 이용해 단기보호 서비스를 해주는 곳도 있어 알아두면 급한 필요가 생겼을 때 유용합니다.

> **Tip** 유료 노인복지시설

　노인이 시설장과의 자유 계약으로 급식, 건강 관리 등의 서비스를 받으며 생활하는 노인복지시설을 의미합니다. 전에는 전부 자신이 부담해야 했지만 앞으로는 노인장기요양보험을 적용할 수 있는 곳도 늘어날 것으로 기대됩니다.

026

가족 케어에
정답이 있는 것은 아니다

사람마다 각자 개성이 있는 것처럼 가족에게도 그 나름의 역사가 있습니다. 케어 지침서에 나와 있는 것은 어디까지나 이론적인 원칙입니다. 이런 원칙에 얽매여서 무리하기 보다는 자연스럽게 케어하는 것이 중요합니다. 가족 케어자가 하루 24시간, 일년 365일 케어하는 것과 전문가가 하루에 8시간씩 전문적으로 케어하는 것은 다를 수밖에 없습니다. 가족이 전문가가 될 수 없는 것처럼 전문가 역시 가족이 될 수 없습니다. 따라서 전문가의 기술이나 지식을 적절하게 받아들여서, 가능하면 자연스럽고 마음 편하게 케어하는 것이 좋습니다.

027

치매케어가 끝난 뒤의
인생도 생각하자

치매가 70세 이전에 발병했다면, 케어 기간이 10년 이상 걸리게 됩니다. 재가케어에 대한 공적 서비스는 케어에 전념하는 가족이 한 사람 이상 있는 것을 전제로 합니다. 때문에 재가케어를 하게 되면 케어하는 당사자는 사회적으로 여러 가지 제약을 받게 됩니다. 하던 일이나 직장을 그만두고 재가케어를 할 경우 치매케어를 마무리 한 뒤에 자신의 인생을 어떻게 꾸려나갈 것인지를 충분히 생각해봐야 합니다. 케어 이후의 인생이 더 길고 중요하기 때문입니다.

028

재가케어만 고집하지 말자

앞에서도 여러 번 강조했지만 재가케어가 최선책은 아닙니다. 「복지시설에 가는 건 절대 싫다」, 「요양시설이니 병원이니 당치도 않다」라고 거부했던 사람도 실제로 시설에 들어가면 별 탈 없이 잘 지내는 경우가 많습니다. 케어하느라 안절부절 못하거나 힘든 일이 생기면 괜히 다른 가족에게 화풀이하는 행동 등은 케어자가 무리하고 있다는 증거입니다. 이런 상황에서는 재가케어에 얽매이지 말고 병원이나 입소 시설을 포함하여 융통성 있는 대응 방법을 생각해 봅시다. 케어하는 사람의 마음이 건강하지 못하면 케어를 받고 있는 노인의 마음도 편안할 리가 없습니다.

> **Tip** 노인의료복지시설

　심신의 장애로 24시간 내내 케어가 필요한 노인이 입소하는 시설입니다. 원래는 신체적으로 허약한 노인들 위주로 입소시켰지만, 지금은 치매노인들을 위한 시설 케어의 중추적인 역할을 맡고 있습니다.

029 케어하는 사람의 건강은 치매노인의 건강과 직결된다

견딜 수 없을 정도로 스트레스가 심할 때 직접 원인을 해결할 수 있다면 좋겠지만 잘되지 않았을 때는 오히려 스트레스가 더 심해지게 됩니다. 그럴 때는 스트레스의 원인이 있는 곳에서 잠시 벗어나서 다른 곳으로 피하거나 거기에 지지 않을 정도로 심신 상태를 안정적으로 유지하는 것이 가장 좋은 방법입니다. 치매노인의 행동이나 치매의 증상을 무리하게 억제하려 들면 스스로 피곤해질 뿐입니다. 무엇보다 자신의 건강을 챙기는 데 마음을 써야 합니다.

Tip 스트레스

스트레스는 정신적·육체적인 침체를 의미하며 외부에서 오는 피해와 그에 대한 방어반응 모두를 말합니다. 즉 그 사람에게 부담을 주는 자극을 의미하며 사람마다 느끼는 정도가 다 다릅니다.

030 케어자는 요통으로 고통받기 쉽다

요통이 있을 때는 우선 안정을 취하는 것이 중요합니다. 사람에 따라서는 칼슘제 등을 복용하는 경우가 있습니다. 칼슘이 부족하면 뼈에서 칼슘이 빠져나가기 때문에 뼈가 약해집니다. 뼈가 약해지면 골다공증이 생길 수 있습니다. 여성의 경우 갱년기가 되면 여성 호르몬이 감소하면서 골다공증에 걸리기 쉽습니다. 젊었을 때부터 칼슘을 충분히 섭취하여 뼈에 철분을 충분히 축척해 두는 것이 중요합니다. 또한 식사 등을 통하여 칼슘을 충분히 섭취하는 것이 중요합니다. 칼슘이 잘 흡수되게 하려면 단백질과 비타민 D를 충분히 섭취해야 합니다. 식사 등이 불규칙한 경우에는 칼슘제를 섭취하는 것이 좋습니다. 케어를 할 때 무리하지 않는 게 중요하며 특히 혼자서 모든 것을 하려는 것은 금물입니다. 허리에 통증이 있을 때는 소염진통제를 복용하는 것이 좋습니다. 그리고 허리복대 등을 사용하여 허리를 보호해야 합니다. 또한 몸의 피로를 풀어주는 목욕과 복근강화를 위한 운동을 무리하지 않는 범위 내에서 지속적으로 하는 것이 좋습니다. 그 외에도 적당한 체중을 유지하는 것도 중요합니다(신체비만지수 측정 BMI : Body Mass Index).

Tip 신체비만지수

몸무게를 키의 제곱으로 나눴을 때 나오는 값이다.(ex. 키가 170cm이고, 몸무게가 80kg인 사람의 비만지수는 80÷(1.7x1.7)=27.60이다) 그 수치가 20 미만이면 저체중, 20~24는 정상체중, 25~30일 때는 경도비만, 30 이상이면 비만이다.

031

아내가 케어를 맡았다면
남편은 적극적으로 지지한다

요즘 대도시에 살면서「며느리가 시부모를 모시는 게 당연하다」라고 말하는 사람들은 그리 많지 않은 것 같습니다. 하지만 지방에서는 아직도 힘든 처지에 놓인 며느리가 많습니다. 아내에게 자기 부모의 케어를 맡겼다면 남편도 휴일을 반납하고 케어를 돕는 게 당연합니다. 또한 자신의 다른 형제나 자매가 아내가 케어하는 것에 대해 이러쿵저러쿵 참견하지 못하도록 배려해야 합니다. 또한 케어의 내용이나 방법은 케어자인 아내가 결정할 수 있게 해 주어야 합니다. 케어하는 사람의 육체적인 수고나 마음 고생은 해보지 않은 사람은 절대 알 수 없습니다.

Chapter 5

치매를 케어할 때 주의할 점

032 백 가지 기술보다 진심 어린 마음이 더 중요하다
033 케어받는 걸 꺼려할 때는 기다리는 게 낫다
034 치매노인의 이야기에 귀 기울여 준다
035 모든 것을 수용한다는 것은 누구라도 불가능하다
036 짜증이 날 정도로 몇 번이나 같은 것을 묻는다
037 상대나 장소에 따라 태도가 바뀌는 것은 치매 증상의 하나이다
038 치매노인을 가르치려 하지 말자
039 자신이 봐도 거부감이 드는 것은 강요하지 말자
040 치매에 걸렸다고 지금까지의 삶이 사라지는 것은 아니다
041 자식이나 손자는 잊어도 부모는 잊어버리지 않는다

032

백 가지 기술보다 진심 어린 마음이 더 중요하다

치매노인을 돌보는 데 몇 가지 중요한 방법이 있긴 하지만, 가장 중요한 것은 가족으로서의 따뜻한 마음과 돌보고 싶다고 생각하는 진심어린 마음입니다. 가족들이 너무 케어하기 싫어한다거나 생리적으로 혐오감을 느낄 때는 재가케어를 포기하거나 다른 가족에게 맡기는 것이 현실적인 선택입니다. 일단 재가케어를 결심했다면 가족들과의 연대감을 믿고 자신을 믿으면서 성의를 다하는 것이 무엇보다 중요합니다.

033

케어받는 걸 꺼려할 때는 기다리는 게 낫다

누군가 돌봐주지 않으면 생활하기 어려울게 뻔한데도 노인이 「도움은 필요없어」라며 억지를 부릴 때는 한발 물러나 잠시 시간을 주는 것이 좋습니다. 이런 경우는 자신의 신체적 정신적 능력이 떨어졌다는 것을 자각하지 못하고 있거나 인정하고 싶지 않다는 자존심 문제인 경우가 많습니다. 하지만 노인이 도움을 청할 때까지 그냥 내버려둬서도 안됩니다. 노인이 눈치채지 못할 정도로 자연스럽게 최소한의 케어를 해야 합니다. 지금 당장은 고맙다는 말을 하지 않을지도 모르지만 언젠가는 고맙다고 말하게 될 날이 있을 것입니다.

034

치매노인의 **이야기에 귀 기울여** 준다

치매노인이 잘못 인식하여 앞뒤가 맞지 않는 말을 할 때 그것을 고치려고 일방적으로 설득하는 것은 절대 케어에 도움이 되지 않습니다. 하지만 노인의 이야기를 한쪽 귀로 듣고 흘려버리는 태도 역시 상대의 마음에 상처를 줄 수 있습니다. 잠시 이야기에 귀를 기울이면서 노인이 자기자신과 주위의 현실을 어떻게 받아들이고 있는지 잘 생각해 봅시다. 그러다 보면 정상적인 사람의 입장에서는 앞뒤가 맞지 않다고 느껴져도 치매노인의 눈에 비치는 현실을 이해할 수 있지 않을까요?

035
모든 것을 **수용한다**는 것은 **누구**라도 **불가능**하다

「치매노인이 말하는 것은 무엇이든 부정하지 말고 받아들이고, 마음으로 공감해야 합니다」라고 말하는 책들이 있습니다. 하지만 이런 것은 전문적인 훈련을 받은 임상심리 전문가라도 한 시간만 지나도 한계를 느낍니다. 노인을 매일 돌보고 있는데다 오랫동안 케어 해온 가족들에게 이런 요구는 거의 불가능한 조언입니다. 전문가라 해도 상대가 자신의 부모라면 여러 가지 감정이 뒤섞여 있기 때문에 전문가다운 태도를 잃지 않고 수용하고 공감하기란 결코 쉽지 않습니다. 따라서 성실한 태도로 자연스럽게 대하는 것이 최선입니다.

036
짜증이 날 정도로 몇 번이나 같은 것을 묻는다

치매의 가장 특징적인 증상은 〈잊었다〉는 사실 그 자체를 잊어버리는 것입니다. 또 치매에 걸리면 같은 것을 몇 번씩 듣는 동안 자연스럽게 기억하는 반복 학습이 거의 불가능하게 됩니다. 방금 전에 들은 것조차 기억하지 못하기 때문에 치매노인은 귀찮을 정도로 같은 것을 묻고 또 물어도 기억에 남아있지 않습니다. 종이에 써서 전달하는 방법이 효과적일 때도 있지만 무엇보다 짜증내지 말고 몇 번이라도 대답해 주면서, 불안한 마음이 들지 않도록 하는 것이 중요합니다. 치매노인도 물어보기 편한 사람에게만 물어봅니다.

Tip 기억 체계

    기억에는 보거나 들은 정보가 잠시 동안 뇌에 남아 있는 '순간 기억 immediet memory', 그 중에 중요한 정보를 의식적으로 뇌 안에 남겨두는 '단기 기억short term memory', 또한 강한 인상이나 반복적인 학습 등으로 뇌 안에 기록되는 '장기 기억long term memory' 등이 있습니다. 장기 기억에 저장된 정보 중에서 필요할 때 꺼내는 것을 〈검색〉 또는 〈상기〉라고 합니다. 나이를 먹으면 누구나 새로운 것을 기억하는 게 어려워집니다. 다시 말해, 단기 기억을 장기 기억으로 변환시키는 능력이 저하되어 익히 알고 있는 것도 금방 생각해내지 못하게 됩니다. 이는 검색 혹은 상기하는 속도가 느려지기 때문에 생기는 현상이며 치매는 이러한 기억 체계 전반에 다양한 장애를 일으키는 증상입니다.

037
상대나 장소에 따라 태도가 바뀌는 것은 치매 증상의 하나이다

「항상 곁에서 케어해 주는 사람과 있을 때는 아무것도 못하는데 가끔 찾아오는 딸이나 다른 사람들 앞에서는 멀쩡하게 행동한다」라는 이야기를 자주 듣습니다. 이것은 혈관성 치매가 있는 사람에게서 자주 나타나는 현상입니다. 이런 상태 역시 치매 증상 중 하나이며 필요한 능력을 집중시키거나 지속할 수 없기 때문에 나타납니다. 딸이 케어자로 나선다 해도 같은 일이 벌어질 것 입니다. 그러므로 치매노인을 가끔 만나는 사람들은 이런 사실을 명심하여 매일 케어하는 사람의 고충을 이해하는 것이 중요합니다.

038
치매노인을 가르치려 하지 말자

재활이라는 명목으로 치매노인에게 어려운 과제를 주거나 기억 훈련을 강요하는 것은 무의미할 뿐 아니라 오히려 해롭습니다. 얼핏 보면 치매노인이 자신이 잊어버린다는 사실을 자각하지 못하는 것처럼 보이지만 가까이에서 오랫동안 지켜보면 마음 깊은 곳에는 상처입은 자존심, 불안, 분노, 슬픔 등이 가득하다는 것을 느낄 수 있을 것입니다. 따라서 치매노인에게 가족이 뭔가를 가르치려 하거나 훈련시키려는 의도로 접근하는 것은 백해무익입니다.

039 자신이 봐도 거부감이 드는 것은 강요하지 말자

치매케어에는 여러 가지 방법들이 있습니다. 치매노인 중에는 이런 치료법을 싫어하는 사람도 많고 의사인 필자의 눈에도 「나라도 저런 건 하기 싫겠다」라고 거부반응이 일어나는 프로그램도 많이 있습니다. 치매노인을 케어하기 전에 잠깐 시간을 두고 자신이 상대와 같은 나이에 이런 치료를 받을 때 기분이 어떨지 생각해 보는 것이 중요합니다. 스스로 생각해봤을 때 치료방식에 거부감이 든다면 치매노인 역시 똑같이 느낀다는 사실을 기억해야 합니다.

040

치매에 걸렸다고 지금까지의 삶이 사라지는 것은 아니다

치매는 심각한 진행성 질병입니다. 무엇보다 그 사람의 인성까지 바꿔버린다는 점에서 치매 진단을 받은 본인이나 가족은 절망적인 기분을 느낄 것입니다. 하지만 적절한 치료와 함께 가족들이 치매노인의 생활방식을 존중하고 지지해 주면 모든 정신활동이 무뎌지는 임종기에 이를 때까지 치매노인의 성품은 변하지 않을 것입니다. 본인은 물론 가족들도 비관적으로 생각하거나 절망하지 말고, 조금이라도 즐겁고 유쾌하게 하루를 보낼 수 있도록 노력해야 합니다.

041 자식이나 손자는 잊어도 부모는 잊어버리지 않는다

치매가 진행되면 자식이나 손자의 얼굴을 잊어버리는 경우가 많습니다. 하지만 딸을 〈언니〉라고 부르면서도 그가 자신에게 중요한 사람이라는 것은 알고 있습니다. 또한 치매노인은 비교적 최근의 기억부터 잊어버리기 때문에 자식을 낳았다는 것은 잊어버려도 부모나 형제들에 대해서는 잘 기억하고 있습니다. 95세인 어떤 치매노인이 「제 어머니는 건강하게 잘 지내고 계세요」라고 말하는 것을 들은 적이 있습니다. 이런 경우에는 짜증을 내거나 조급하게 굴지 말고 옛날 이야기를 듣듯이 차분한 마음으로 잘 들어주는 것이 좋습니다.

> **Tip** 장기 기억의 분류

　앞에서 설명한 장기 기억은 다시 의미 기억, 절차 기억, 에피소드 기억 등 세 가지로 구분됩니다. 의미 기억은 의미나 개념에 대한 기억, 절차 기억은 언어가 아닌 몸에 남아 있는 기억, 에피소드 기억은 말 그대로 에피소드와 관련된 기억들입니다. 이 중에서 가장 잊기쉬운 것이 에피소드 기억이고 가장 잊혀지지 않는 것이 절차기억입니다. 예를 들어, 치매가 악화되어 공기놀이를 했던 정황(에피소드 기억)이나 공깃돌이라는 이름(의미 기억)은 기억하지 못하는 사람도 공깃돌을 손에 쥐어주면 자연스럽게 손을 움직이는(절차 기억) 경우가 있습니다. 이것이 계기가 되어 〈공깃돌〉이라는 이름이 생각나고 공깃돌을 만들어준 어머니의 모습을 떠올리기도 합니다.

Chapter 6

치매노인의 일상생활 지원

042 할 수 없는 일을 자연스럽게 도와주는 것이 중요하다
043 실수의 원인이 무엇인지 잘 관찰하면서 케어하자
044 케어는 정면에서 말을 걸면서 시범은 나란히 같은 방향에서
045 어떤 상황인지 설명하면서 케어한다
046 치매가 악화되면 삼키거나 뱉지 못한다
047 먹는 것과 관련된 장애도 여러가지
048 빈뇨, 변비, 설사를 주의 깊게 관찰하자
049 기저귀를 채우기 전에 시도해 볼만한 방법들
050 기저귀 착용은 누구나 싫어한다
051 목욕 케어를 할 때는 특별히 주의하자
052 옷 갈아입는 것을 도울 때는 자연스럽게
053 가만히 앉혀두지 말고 차라리 누워서 쉬게 하자
054 누워서 지내는 상태에서도 운동은 할 수 있다
055 식사 후 입안을 청결하게 할 때도 주의 해야 한다
056 죽음에도 질이 있다
057 임종기는 조용히 다가온다
058 치매에 걸렸더라도 최대한 본인의 의사를 존중하자

042
할 수 없는 일을 자연스럽게 도와주는 것이 중요하다

노인에게 남아 있는 기능을 어떻게든 활용하지 않으면 나중에 아무 것도 하지 못하게 된다는 생각 때문에 치매노인에게 무엇이든 시키려 드는 가족들의 마음은 충분히 이해가 됩니다. 하지만 그다지 추천하고 싶은 방법은 아닙니다. 마치 어린아이를 가르치듯이 「여기서 보고 있을 테니 해보세요」, 「어머니, 그렇게 하시면 안 돼요. 잘 생각해 보세요」라고 다그치거나 화를 내기 보다는 수치심이 들지 않도록 자연스럽게 도와주면서 함께 행동하는 것이 훨씬 중요합니다.

043

실수의 원인이 무엇인지 잘 관찰하면서 케어하자

케어가 한계에 부딪쳤을 때는 냉정하게 관찰해 봅시다. 열심이 지나쳐서 맹목적으로 이것저것 시도하면 돈이나 시간, 노력을 쓸데없이 낭비할 뿐입니다. 치매케어는 지구전이기 때문에 소모적인 행동은 최대한 하지 말아야 합니다. 예를 들어 실금의 원인은 여러 가지인데, 그 원인을 잘못 알고 있으면 잘못된 대책을 세우게 됩니다. 따라서 당황하지 말고 왜 그런 실수를 하게 되는지 잘 관찰해서 그에 맞게 대책을 세우는 것이 좋습니다. 그리고 잘못 판단했을 때는 처음부터 다시 생각하면 됩니다.

044
케어는 정면에서 말을 걸면서 시범은 나란히 같은 방향에서

치매가 진행되면 주변 상황에 충분히 주의를 기울이지 못하게 됩니다. 따라서 케어를 할 때는 말을 걸면서 노인의 앞쪽으로 다가가야 합니다. 갑자기 뒤에서 말을 걸거나 불쑥 손부터 내밀면 생각지도 못한 사고가 일어날 수도 있습니다. 마찬가지로 치매가 진행되면 거울을 보는 것처럼 좌우가 반대로 나타나는 것을 이해할 수 없게 됩니다. 따라서 양치질 등의 시범을 보일 때, 노인과 마주보게 되면, 좌우가 바뀌기 때문에 혼란을 느낄 수 있습니다. 이럴 때는 나란히 서서 함께 하면 혼란을 느끼지 않고 잘 따라 하게 됩니다.

045

어떤 상황인지 설명하면서 케어한다

치매가 진행되면 주변 상황을 올바르게 판단할 수 없게 됩니다. 목욕탕 탈의실에서도 무엇을 해야 하는지 모릅니다. 이때 케어하는 사람이 옷을 벗기려고 하면 강제로 옷을 벗기려 한다고 오해하기 때문에, 저항하거나 갑자기 난폭하게 행동하기도 합니다. 목욕한다는 것을 인식할 수 있도록 환경을 연출하면서 「좀 있다 외출해야 하니까 그 전에 목욕하는 거에요」라고 말을 걸면서 케어하면 자연스럽게 받아들일 것입니다. 식사, 배설, 옷 벗고 입기 등 어떤 일을 할 때마다 주변 상황을 설명하고 대화하면서 천천히 시도하는 것이 좋습니다.

046
치매가 악화되면 삼키거나 뱉지 못한다

치매에 걸리면 처음에는 세세한 움직임에 장애가 생기고 〈걷기〉처럼 큰 근육을 많이 사용하는 움직임도 점점 둔해집니다. 치매가 더 악화되면 음식을 삼키거나 기도로 잘못 들어간 음식물이나 가래를 뱉어내는 동작 등 무의식적으로 할 수 있었던 일들을 하지 못하게 됩니다. 치매 말기에는 기도에 음식물이나 침이 들어가면서 생기는 오연성 폐렴에 걸리기 쉽습니다. 치매가 진행되어 걷는 게 어려워질 즈음에는 이러한 기능 저하에 대비해 방문 간호사 등 전문가의 서비스를 받는 방법도 생각해봐야 합니다.

> **Tip** 오연성 폐렴

　기도로 잘못 들어간 음식물을 배출하지 못해 폐에 염증이 생겨 폐렴이 되는 경우를 의미합니다. 노인이나 신체가 허약한 사람들이 잘 걸립니다.

047

먹는 것과 관련된 장애도 여러 가지

　　　　　치매노인의 거식拒食, 과식過食, 이식異食 등의 증상이 나타나는 데는 여러 가지 원인이 있습니다. 어떻게 대응해야 할지 모를 때는 치매에 대해 잘 아는 의사와 상담하는 것이 좋습니다. 꼭 치매여서가 아니라 일반적인 노인들도 식생활 습관이 조금만 변해도 심신의 상태에 큰 영향을 미치기 때문에 이것을 이해하고 신속하게 대응해야 합니다. 특히 거식증은 신체 상태가 좋지 않거나 정신증상이 원인일 수 있기 때문에 각별히 주의해야 합니다.

048

빈뇨, 변비, 설사를
주의 깊게 관찰하자

치매가 진행되면 몸 상태에 이상이 있는 것을 잘 느끼지 못하고, 느낀다 해도 그것을 말로 표현하지 못하게 됩니다. 노인의 배설 빈도나 상태는 신체적인 건강을 파악할 수 있는 척도가 됩니다. 밤에 오줌을 자주 누게 되면 숙면을 취할 수 없습니다. 또한 젊은 사람들과 달라서 변비나 설사가 그다지 심하지 않은데도 장폐색이나 탈수 등의 심각한 증상으로 발전하기도 합니다. 따라서 신체적인 이상이 나타났을 때는 신속하게 의사를 찾아가 조언을 구해야 합니다.

049

기저귀를 채우기 전에 시도해 볼만한 방법들

화장실을 더럽히거나 화장실이 아닌 곳에 배설 또는 실금을 하게 되면 가족들은 심리적으로 큰 충격을 받습니다. 이때 무조건 기저귀를 채울 것이 아니라 왜 실수했는지 잘 관찰하는 것이 중요합니다. 밤에 실수가 많다면 복도에 불을 계속 켜놓거나 문을 열어 두어서 화장실 안이 바로 보이도록 해 둡니다. 또 쉽게 벗을 수 있는 옷으로 갈아입힌다거나 배설 패턴을 파악해서 배설할 시간이 되면 바로 화장실로 유도하는 등의 방법을 사용하면 치매가 진행되어도 기저귀를 사용하는 시기를 훨씬 뒤로 미룰 수 있습니다.

Tip 실금

　자신의 의지로 대소변을 조절할 수 없는 상태를 말합니다. 의식이 없는 상태나 척수 질환으로 방광 괄약근을 닫지 못하는 경우가 있습니다. 뇌졸중이나 치매질환과 같은 뇌의 장애 등이 원인입니다.

050
기저귀 착용은
누구나 싫어한다

배설 실패는 가족은 물론 치매노인 당사자에게도 충격입니다. 더러워진 속옷이나 대변을 옷장 속에 숨긴다거나 하는 행동은 그런 심리상태를 나타내 주는 것 입니다. 치매가 진행되면 언젠가는 어쩔 수 없이 기저귀를 사용해야 할 때가 오겠지만 기저귀 착용을 꺼리는 노인의 마음을 존중하여 수치심이 들지 않게 해야합니다. 시중에 나와 있는 패드나 팬티형 기저귀 등 여러 가지 케어 용품들 중에 치매노인에게 잘 맞고 케어하는 사람이 편하게 사용할 수 있는 것을 고르면 됩니다.

Tip 변을 만지는 행위(불결 행위)

　변을 만지는 것은 배설물을 잘 처리하지 못했기 때문에, 혹은 무엇인지 모르고 만지는 경우가 많습니다. 본인도 혼란스러워서 어떻게 처리해야 할지 모르기 때문에 나타나는 행동입니다. 절대 가지고 놀려 했다거나 골탕먹이려는 나쁜 의도에서 나온 것이 아닙니다.

051

목욕 케어를 할 때는 특별히 주의하자

목욕 케어는 병원이나 시설에 있는 전용 욕조에서 젊은 직원이 할 때도 많은 에너지가 필요한 케어입니다. 따라서 치매노인이 목욕을 원하지 않을 때 집 안의 좁은 욕실에서 여성이나 노인이 혼자서 목욕을 시키는 것은 케어를 하는 쪽이나 케어를 받는 쪽에게 굉장히 위험한 작업입니다. 절대 무리해서는 안 되며 목욕 서비스를 이용하거나 요양보호사의 도움을 받는 것이 좋습니다. 본인이 싫어할 때는 절대 혼자서 목욕을 시키면 안 됩니다. 나이가 들면 신진대사량이 떨어지기 때문에 목욕은 너무 자주 하지 않아도 괜찮습니다.

> **Tip** 요양보호사
>
> 노인장기요양보험 수급자로 판정된 노인 등의 신체 및 가사 활동 등을 지원하는 업무를 전문적으로 수행하는 장기요양요원을 말합니다.

052

옷 갈아입는 것을
도울 때는 **자연스럽게**

치매가 진행되면 〈TPO(Time시간, Place장소, Occasion상황의 약자)〉에 맞는 적절한 옷을 선택하기 어려워집니다. 또한 입는 순서를 잘 모르고, 더 진행되면 스웨터 소매에 발을 집어넣는 등 〈착의실행증dressing apraxia〉이 생겨 옷을 제대로 입을 수 없게 됩니다. 결국 스스로 옷을 갈아입겠다는 의지마저 사라지게 됩니다. 치매의 진행에 따라 적절하게 케어할 필요가 있지만 어린아이가 아니기 때문에 노인의 기분이나 옷입는 취향을 잘 맞춰서 자연스럽게 도와주어야 합니다. 더러워진 속옷을 갈아입지 않으려 할 때도 억지로 하지 말고 적당한 기회를 기다려야 합니다.

053

가만히 앉혀두지 말고 차라리 **누워서 쉬게** 하자

치매가 진행되면 움직임이 둔해져서 자주 넘어지게 됩니다. 또 걸어다닐 기회가 줄어들면서 다리 힘이 약해져서 잘 넘어지게 됩니다. 그렇게 되면 심리적·신체적인 의존도가 급격히 높아집니다. 따라서 어느 정도 위험성이 있더라도 가능한 한 오랫동안 보행 능력을 유지할 수 있게 도와야 합니다. 그래도 걸을 수 없게 되었을 때는「낮에는 앉아 있게 하자」라는 식으로 획일적으로 대응하지 말고, 피곤해 하면 누워 있게 하는 것이 좋습니다. 걸을 수 없다는 것은 자신의 힘으로 침대에 가서 쉬는 것이 불가능하다는 의미입니다. 앉아 있는 채로 방치해 두지 않는 것이 중요하며, 피곤해 할 때는 아주 잠깐이라도 누워서 쉴 수 있게 케어하는 것이 바람직합니다.

054

누워서 지내는 상태에서도 운동은 할 수 있다

치매가 진행되면 근육이 굳어져서 손발 관절의 움직임이 둔해집니다. 관절이 굳어지면 몸을 청결하게 유지하는 것이 어려울 뿐만 아니라 욕창이 생기기도 합니다. 걸어다닐 수 없게 되어 스스로 움직일 수 있는 범위가 줄어들면 목욕을 하거나 기저귀를 갈 때 생활 속에서 재활 훈련을 한다는 의미에서 관절을 천천히 움직여 주어서 굳는 것을 예방해야 합니다. 앉아 있을 때 자연스럽게 내려가는 팔도 누워 있기만 하면 근육이 굳어질 수 밖에 없습니다. 하지만 이럴 때 절대 무리하게 움직여서는 안됩니다. 노인에게 말을 걸어 안심 시키면서 천천히 움직이게 하는 것이 중요합니다.

> **Tip** 욕창

　눕거나 앉아만 있는 등 계속 같은 자세로 있으면 뼈가 튀어나온 부분에만 체중이 실려서 혈액이 원활하게 공급되지 않게 됩니다. 때문에 피부나 근육의 세포가 죽게 되는데 이것을 〈욕창〉이라고 합니다. 심해지면 살이 깊이 파여 뼈까지 드러나게 되는 경우도 있습니다. 욕창은 치료보다 예방이 중요합니다. 영양을 충분하게 섭취하고 몸을 청결하게 유지해야 합니다. 또한 목욕할 때 마사지를 해 주고 자세를 자주 바꿔주고 적절한 침구를 사용하는 등 세심하게 신경을 써야 합니다. 체중이 많이 실리는 부위의 피부가 붉어지면 특히 주의해야 합니다. 별일 아니라고 생각하고 내버려둬서는 안됩니다. 최근에는 점점 더 치료법이 좋아지고 있으니 욕창이 생기면 더 심해지기 전에 전문가의 조언을 받는 것이 좋습니다.

055

식사 후 입안을 청결하게 할 때도 주의해야 한다

구강케어는 감염증이나 입 냄새, 잘못 삼킬 위험을 예방한다는 의미에서 매우 중요합니다. 나이가 들면 잇몸이 약해지거나 틀니가 이에 맞지 않아 입안에 음식물이 남아 있기 쉽습니다. 따라서 매끼 식사 후에는 입안을 깨끗하게 해 주어야 합니다. 치매노인이 스스로 양치질을 하거나 입안을 헹구지 못하게 됐을 때는 옆에서 같이 해주면서 따라하도록 하는 것이 중요합니다. 양칫물을 뱉지 못하고 마셔버린다 해도 입안에 음식 찌꺼기가 남는 것 보다는 낫습니다. 그것조차 못하게 될 정도로 치매가 진행되었다면 손가락에 부드러운 천을 말아서 입안, 특히 잇몸과 볼 사이에 음식물이 남지 않도록 부드럽게 닦아주고 이물질을 제거해야 합니다.

056

죽음에도 질이 있다

대부분의 사람들은 지나친 연명치료 때문에 고통 당하다가 죽는 것은 바라지 않습니다. 이런 바람을 존중해서 완화 케어가 이뤄지고 있습니다. 죽음이 가까이 다가 왔을 때 적극적인 연명치료를 해서 수명을 연장하기보다, 환자의 신체적 정신적 고통과 아픔을 줄이고 평안한 죽음을 맞을 수 있게 해 주는 것이 완화 케어입니다. 치매노인의 임종기에 적극적인 연명치료를 하지 않고 고통과 호흡곤란을 완화하는 의료처치와 하루하루를 쾌적하게 보낼 수 있는 케어는 치매노인에게 매우 중요합니다. 완화 케어는 말기 암환자들을 대상으로 해 왔지만 말기 치매환자에게도 그 사람을 배려한 완화 케어는 매우 중요하다고 생각합니다. 신체 및 주위환경을 청결하게 유지하는 것, 통증이나 열과 같은 고통을 주는 증상에 대처하는 것 등이 완화 케어에 포함됩니다.

057

임종기는 조용히 다가온다

치매가 진행될수록 몸을 움직이지 못하게 되고 음식물을 삼키기도 어려워집니다. 하지만 이런 시기가 와도 노인은 싫어하는 일을 당하면 얼굴을 찌푸리고 평소에 좋아했거나 즐거운 일을 하면 웃기도 합니다. 하지만 그러는 동안 오연성 폐렴 등 위기를 반복적으로 겪게 되고 평온한 시기는 점점 짧아집니다. 임종기는 조용히 다가오기 때문에 어느 순간 돌아보면 아주 가까이 다가와 있다는 것을 알게 됩니다. 따라서 임종기 의료나 케어에 관해 미리 가족과 의논해두는 것이 좋습니다.

Tip) 폐렴

세균이나 바이러스가 폐에 들어가 폐의 세포나 기관지에 염증을 일으키는 것을 말합니다. 폐렴은 염증의 범위에 따라 대엽성大葉性 폐렴, 지역성 폐렴, 기관지 폐렴으로 분류되고, 또 원인균에 따라 세균성 폐렴, 마이코플라스마 폐렴, 바이러스성 폐렴 등으로 분류됩니다. 증상은 두통, 기침, 고열, 오한, 가슴 통증, 가래 등이며 입 주위에 단순 포진이 생기기도 합니다. 노인은 실제로 병세가 심각해도 증세가 약하게 나타나므로 세심하게 주의를 기울여야 합니다. 치료에는 항생제나 항염증제가 사용됩니다.

058
치매에 걸렸더라도 최대한 본인의 의사를 존중하자

일반적으로 치매에 걸리면 자신의 케어 서비스 대하여 스스로 판단 할 수 없게 됩니다. 하지만 모든 치매노인이 자기 의사표현을 하지 못하는 것은 아닙니다. 치매 초기나 경도 치매인 경우는 충분히 자신의 의사표현을 할 수 있는 경우가 많습니다.

주치의는 치매노인이 스스로 정할 수 있는 것과 스스로 정할 수 없는 것은 무엇인지 신중하게 판단해야 합니다. 치매가 있다고 해서 가족이 모든 것을 결정해 버리는 것은 치매노인의 권리를 빼앗는 행위입니다. 일상생활에서도 시간을 넉넉하게 주면 치매노인이 스스로 할 수 있는 돈 계산을 할 수 없다고 여겨서 그 가족이나 주위 사람이 돈을 대신 관리해주거나 의료 서비스에 관한 결정을 대신해 버리는 것은 치매노인을 학대하는 것에 해당합니다.

Chapter 7

행동·심리증상이 나타날 때

059 응급상황에 대비해 미리 대책을 세우자
060 자택에서는 배회행동에 대응하기 어렵다
061 배회 행동의 이유를 반드시 확인하자
062 도둑망상
063 망상이 계속 발전할 때는 주의 깊게 살펴보자
064 〈불결행동〉이라는 증상은 없다고 여기자
065 불면증을 없애려면 먼저 생활리듬을 바로잡아야 한다
066 야간 섬망이 나타나면 성격이 완전히 뒤바뀐다
067 음식물이 아닌 것을 먹더라도 침착하게 대응한다
068 수집증이 반복되더라도 계속 정리해 주어야 한다
069 폭력의 원인을 파악하는 게 가장 중요하다
070 전기레인지를 사용하는 것이 안전할까?

059 응급상황에 대비해 미리 대책을 세우자

치매에 걸리면 일상생활에서 지금까지 잘해 오던 일을 못하게 되는 것 외에도 배회나 망상 등 그동안 보이지 않던 행동이나 심리 증상이 나타나게 됩니다. 이를 〈행동·심리증상BPSD〉 또는 정신 증상이라고 합니다. 이런 증상 중에는 본인이나 주위 사람에게 위험한 것도 그렇지 않은 것도 있습니다. 또한 치료하기 어려운 것도 있지만 치료할 수 있는 것도 있습니다. 따라서 당황하지 말고 냉정하게 관찰하여 위험을 예방하고 전문가와 상담해서 대책을 세워야 합니다.

Tip) BPSD

　치매 때문에 나타나는 배회, 이식, 난폭한 행동, 수집증 등을 〈이상 행동〉이라고 하며, 야간 섬망, 망상, 환각 등을 〈심리증상〉이라고 합니다. 하지만 이전에는 〈문제행동〉이라는 말을 사용했습니다. 문제행동이라는 용어는 케어하는 사람의 입장에서 문제이지 본인에게는 문제가 아닌 경우가 많기 때문에 이 명칭은 쓰지 않는 것이 바람직합니다. 하지만 치매로 인해 상황을 잘못 인지하거나 판단력이 저하되어 나타나는 이러한 행동이 케어를 어렵게 하는 것이 사실입니다.

060 자택에서는 배회행동에 대응하기 어렵다

초로기 알츠하이머형 치매환자 중에서 특별히 가려고 하는 목적지도 없이 막는 사람을 뿌리치며 무작정 걷기만 하는 배회행동이 나타날 때가 있습니다. 건강에 자신이 있는 사람이라도 이런 배회행동을 하는 치매노인을 따라 걷기란 상당히 힘듭니다. 상황이 이렇게 되면 가정에서 대응하는 데 한계가 있습니다. 따라서 가족들의 심정이나 건강 상태를 고려하여 무리하지 않는 것이 중요합니다. 필요하다면 시설에 단기보호를 신청하는 것도 한 가지 방법입니다. 이러한 배회행동은 장기간 지속되는 것이 아니라 어떤 시기가 오면 진정되어 배회행동 자체가 없어지는 일도 있습니다.

Tip 초로기 알츠하이머형 치매

일반적으로 65세 이상을 노년기, 45~65세 사이를 초로기로 정의하고 있습니다. 초로기에 알츠하이머형 치매가 발병하면 아직 나이가 젊고 활동적이기 때문에 가족들의 심리적·육체적 부담이 매우 크고 케어하기가 매우 어렵다고 합니다.

061 배회 행동의 이유를 반드시 확인하자

배회행동의 예는 너무나 다양합니다. 자신이 있는 곳이 어딘지 모르거나 평소 익숙한 장소에서 길을 잃고 기억이나 시간 관념이 사라지면서 전에 그만둔 회사를 찾아가기도 합니다. 혹은 저녁이 되어 뇌의 각성 수준이 떨어지게 되면 집에 돌아가겠다고 하거나 가만히 있지 못하고 목적도 없이 헤매는 등 여러 가지 증상이 나타납니다. 따라서 증상에 따라 대응하는 방법도 각각 달라야 합니다. 언제 어떤 상황에서 나가거나 배회하는지 자세히 관찰해서 가정에서 해결하기 어렵다면 전문가와 상담해 보는 것이 좋습니다.

062

도둑망상

　　　　알츠하이머형 치매에 걸리면 자신이 물건을 어디에 두었는지 잊어버리고는 도둑이 들었다고 주장하는 망상 환자가 많습니다.

　그가 주로 의심하는 대상은 대체로 가장 가까이에서 케어하는 가족입니다. 이러한 망상의 이면에는 「내가 잊어버렸을 리가 없어」, 「내가 며느리의 도움을 받아야 할 리가 없어」라는 마음이 깔려 있습니다. 이런 도둑망상이 있는 경우 함께 물건을 찾다가 발견했을 때 케어자가 아무 일도 아닌 것처럼 행동하는 것이 중요합니다. 「그러니까 제가 아니라고 했잖아요」라는 등 치매노인의 주장을 반박하는 말을 해봐야 서로에게 아무런 도움이 되지 않습니다.

063 망상이 계속 발전할 때는 주의 깊게 살펴보자

일시적인 심리증상으로 그 순간에만 도둑맞았다고 생각하는 망상과는 달리 「며느리가 내 지갑을 훔쳐갔어, 처음부터 우리 집 재산을 노리고 결혼한 게 분명해. 그리고 보니 친정 사람들 행동도 아주 수상해」와 같이 망상이 점점 발전해 가는 경우가 있습니다. 피해망상, 질투망상 등이 발전하면 원망이나 의심으로 이어집니다. 이런 망상을 그냥 방치해두면 본인에게나 가족에게 굉장히 위험합니다. 약물치료가 효과적일 수도 있으니 정신과 전문의와 상담해 보는 것이 좋습니다.

Tip 망상

현실에서는 있을 수 없는 일을 마치 사실인 것처럼 확신하여 절대로 바꾸려 하지 않는 것을 의미합니다. 여러 가지 정신질환에서 나타나는 증상으로 치매만의 특정한 증상은 아니며, 망상에 대해 본인이 강하게 확신하고 있다는 것과 치료하기 어렵다는 특징이 있습니다. 때문에 대응하기가 매우 어렵습니다. 치매노인 중에는 관계망상, 피해망상, 질투망상 등이 나타나는 일이 많습니다.

064

〈불결행동〉이라는 증상은 없다고 여기자

더러워진 속옷을 옷장에 숨겨놓거나 대변을 종이에 싸두거나 변기 안의 변을 만져 주변을 더럽히는 등의 행동은 가족에게 매우 충격을 줍니다. 하지만 이런 행동은 본인의 실수를 숨기려 하거나 변기 속의 대변을 처리하고 싶지만 어떻게 해야 할지 모를 때 생기는 결과인 경우가 많습니다. 대부분의 불결행동은 케어를 통해 예방할 수 있습니다. 이런 일이 생겼을 때 본인이 수치심을 느끼지 않도록 아무렇지 않게 행동하는 것이 좋습니다.

065 불면증을 없애려면 먼저 생활리듬을 바로잡아야 한다

치매에 걸리면 시간 감각이 떨어지기 때문에 밤에 잠들지 못하는 경우가 많습니다. 6시에 저녁을 먹고 8시쯤 잠자리에 들면 새벽 3시쯤 잠에서 깨버립니다. 그런 일이 반복된다면 잠자리에 드는 시간을 조금씩 늦춰보는 것이 좋습니다. 또 낮에 꾸벅꾸벅 졸 때는 주·야간 보호 서비스 등을 이용하거나 오전에 하던 산책을 오후로 조정하는 등 생활에 변화를 줄 필요가 있습니다. 하지만 섬망과 같이 밤에 흥분하여 마치 다른 사람처럼 변하는 증상이 나타날 때는 약물치료가 효과적일 수 있으니 전문의와 상담해 보는 것이 좋습니다.

066

야간 섬망이 나타나면
성격이 완전히 뒤바뀐다

단순한 불면증이 아니라 야간, 특히 늦은 밤에 성격이 180도 달라져서 흥분하거나 환각 증상을 보이는 것을 〈야간 섬망〉이라고 합니다. 이는 병적인 잠꼬대 같은 것으로 치매노인이 아닌 사람에게서도 볼 수 있습니다. 가벼운 야간 섬망일 때는 방을 밝게 하고 따뜻하게 해 주면 진정됩니다. 하지만 지나치게 흥분한 상태일 때는 본인의 마음과 몸의 에너지가 심하게 소모될 뿐 아니라 주위 사람들에게도 위험할 수 있습니다. 또한 섬망이 며칠간 지속될 때는 치매가 빠르게 악화되는 경우도 있기 때문에 되도록 빨리 전문가에게 진료를 받아야 합니다. 하지만 약물치료로 좋아지는 경우도 많이 있습니다.

Tip) 섬망

　일시적으로 뇌의 기능이 급격히 저하되어 가벼운 의식 장애와 흥분이 나타나는 상태를 말합니다. 주로 밤에 나타나며 환상, 환각 증상이 나타나거나 불안해하고, 평상시와 매우 다른 언행을 하기도 합니다. 섬망은 간, 심장 등의 질환이나 당뇨병, 고혈압, 뇌혈관 장애, 감염증, 알코올 중독, 만성 신체질환 등과 함께 나타나기도 하며 혈압강하제, 항파킨슨제, 수면유도제 등의 부작용 때문에 생기기도 합니다.

067 음식물이 아닌 것을 먹더라도 침착하게 대응한다

음식물이 아닌 것을 먹는 행동을 이식異食이라고 합니다. 눈에 보이는 모든 것을 입으로 가져가는 신경증상神經症狀도 있지만 이런 경우는 매우 드물고, 보통은 음식물이 아닌 것을 구별하지 못하기 때문에 입에 넣게 되는 것입니다. 이때 아주 위험한 것이 아니라면 당황하지 말고 차분하게 대응해야 합니다. 세제 등을 마셨을 때는 119에 전화를 해서 구급 요원의 지시에 따르는 것이 좋습니다.

068

수집증이 반복되더라도 계속 정리해 주어야 한다

혈관성 치매노인 중에는 쓸데없는 것을 주워와서 방에 쌓아두는 일이 종종 있습니다. 혼자 생활할 수 있는 치매노인들에게 많이 나타나며 설득하거나 타일러도 별 소용이 없습니다. 화재 위험이나 위생상의 문제로 반강제적으로 방정리를 했더라도 보통 그 다음 날부터 또다시 물건을 주워오기 시작합니다. 그래도 안전과 위생을 위해 포기하지 말고 계속 정리해야 합니다.

069
폭력의 원인을 파악하는 게 가장 중요하다

치매에 걸렸다고 해서 아무 이유도 없이 난폭한 행동을 하는 것은 아닙니다. 폭력적인 행동이 나타날 때는 당황하지 말고, 언제, 누구에게, 어떤 상황에서 폭력을 휘둘렀는지 파악해야 합니다. 치매로 인한 기억장애, 이해력 저하, 성격의 변화, 상처받은 자존심 등을 고려하여 치매노인의 관점에서 상황을 다시 재구성해보면 폭력의 원인을 알 수 있게 됩니다. 폭력은 주위 사람들에게도 정신적·신체적으로 큰 피해를 주기 때문에 폭력의 대상이 되는 사람을 보호하는 데도 충분하게 배려해야 합니다.

070 전기레인지를 사용하는 것이 안전할까?

가스 불이 화재의 원인이 될 수 있기 때문에 치매노인이 혼자 살고 있다면 전기레인지로 바꾸어야 한다고 말하는 사람이 있습니다. 가스 사용을 잘하지 못할 정도의 치매라면 전기레인지 등 새로운 기기의 사용법을 익히기도 어려울 것입니다. 사실 전기레인지는 불꽃이 보이지 않기 때문에 오히려 가스레인지의 불보다 더 위험할 수도 있습니다. 가스 사용이 위험하다고 판단되면 화기 관련 기기를 자주 점검해 주고, 안전한 전기 제품을 사용하거나 배식 서비스를 이용함으로써 화재를 예방해야 합니다. 치매가 악화되어 화재의 위험이 높다면 재가케어를 포기하는 등 유연하게 대처해야 합니다.

Chapter 8

재가케어를 할때

071 방문요양 서비스에도 여러 종류가 있다
072 주·야간보호 서비스를 잘 활용하자
073 단기보호 서비스 활용 방법
074 목욕 서비스를 적극적으로 이용하자
075 필요하다면 케어 용구를 창의적으로 개발해보자
076 그 밖의 재가케어 지원 서비스
077 자원봉사자에게 내가 봉사한다는 마음으로!

071

방문요양 서비스에도 여러 종류가 있다

　　　　　방문요양사란 노인들의 집을 방문하여 집안 일을 돕거나 케어해 주는 사람을 말합니다. 다만, 방문 간호사처럼 주사나 욕창 치료 등 의료행위는 할 수 없습니다. 장기요양보험을 이용할 때는 방문 시간에 따라 요금이 달라집니다. 하루에 최소 30분에서 최대 240분까지 서비스 받을 수 있으며, 야간에는 20%, 심야 휴일에는 30%가 가산됩니다. 집에 머물면서 일을 해 주는 경우와 시간을 정해서 일정 시간 동안 케어를 의뢰하는 경우가 있으니 필요에 따라 선택하여 이용하면 됩니다. 방문요양은 문자 그대로 일대일 서비스이기 때문에 불만이 생기지 않도록 솔직하고 편하게 대하는 것이 좋습니다. 방문요양사가 오는 날 신경이 쓰여서 더 피곤해 한다면 서비스를 받을 이유가 전혀 없습니다. 무엇을 부탁할 것인지 확실히 결정해서, 맡긴 일에 대해서는 전적으로 믿어주고 불만스러운 부분에 대해서는 서로 대화하면서 조절해 나가는 것이 바람직합니다.

072

주·야간보호 서비스를 잘 활용하자

주·야간보호 서비스란 복지 기관이나 의료 기관이 하루 동안 치매노인을 맡아서 케어해 주는 제도입니다. 주·야간보호를 이용하는 다른 이용자들과 잘 지내는 사람이 있는가 하면 힘들어 하는 사람도 있습니다. 만약 적응을 잘 한다면 그 시간에는 잠시 케어에서 벗어날 수 있습니다. 야간까지 맡아주는 시설도 있기 때문에 자신이 케어하는 노인이 까다로운 성격이어서 그런 곳에 가는 것은 무리라고 단정 짓기 전에 견학만이라도 해 보는 것이 유익합니다.

073
단기보호 서비스 활용 방법

단기보호란 복지시설에서 짧은 기간 동안 노인을 맡아 케어 해 주는 제도입니다. 노인들은 잠자리가 바뀌면 엄청난 스트레스를 받기 때문에 이 서비스를 처음 이용할 때는 상태가 오히려 악화되어 섬망을 일으키는 사람도 있을 것입니다. 따라서 처음에는 절대 강제로 하지 말고 치매노인이 싫어하거나 혼란스러워 할 때는 하루 만에 돌아올 수도 있다는 것을 염두에 두고 이용해 보는 것이 좋습니다. 반복적으로 이용하면 노인 본인이나 맡아주는 시설 직원도 서로 익숙해져서 즐겁게 보낼 수도 있기 때문에 천천히 시험해 보도록 합시다.

074

목욕 서비스를
적극적으로 이용하자

목욕 서비스 중에는 계속 누워 지내는 노인들을 위해 전용 욕조를 가져와 목욕을 시켜주는 방문목욕 서비스와 주·야간보호 서비스 시설 등에서 낮 시간에 목욕탕을 이용할 수 있는 서비스가 있습니다. 목욕 케어는 전문가들도 매우 버거워하는 일이기 때문에 일반 주택의 좁은 욕조에서 목욕을 거부하는 노인을 억지로 목욕시키는 것은 정말 힘듭니다. 또한 케어자가 노인이라면 더욱 위험합니다. 나이가 들면 신진대사가 활발하지 않기 때문에 젊었을 때처럼 빈번하게 목욕을 할 필요가 없기 때문에 일주일에 한 번이나 두 번 정도 적절하게 이용하면 됩니다.

075
필요하다면 케어 용구를 창의적으로 개발해보자

 노인이 일상생활에서 자주 사용하는 식기, 의류 등을 잘 관찰하여 더 편리하게 사용할 수 있는 방법을 연구해 봅시다. 예를 들어 숟가락으로 밥을 먹을 때 평평한 그릇 보다는 그라탕용 그릇처럼 테두리가 있는 것이 숟가락질 하기 편합니다. 또한 옷을 입고 벗는 것이 잘 안 되는 노인은 고무줄로 된 바지를 입는게 편하지만 시중에서 판매되고 있는 옷들은 디자인이라고 할 만한 요소가 전혀 없는 것 뿐입니다. 따라서 노인이 평소 즐겨 입는 옷을 연구하여 멋있으면서도 입고 벗기 쉬운 옷을 만들어 봅시다.

076

그 밖의 재가케어 지원 서비스

지금까지 소개한 서비스 외에도 보건사에 의한 방문 지도, 배식 서비스, 케어 용구(케어용 침대, 휠체어, 보행 보조기 등)의 제공·보조·대여, 기저귀 지급(현물 지급과 비용 지급이 있다), 주택 개조, 긴급통보 시스템 설치 등 다양한 서비스가 준비되어 있습니다. 하지만 이런 서비스는 지역별로 사정이 다르기 때문에 자신이 사는 지역의 실정을 잘 파악해 두는 것이 중요합니다.

> **Tip** 배식 서비스

　노인의 일상생활 속에서 받아야 할 가장 중요한 서비스 중 하나는 배식 서비스로 사회복지관 등에서 제공하고 있습니다. 배식 서비스는 각 지자체 이외에도 사회복지협의회나 기업, 봉사 단체 등에서도 제공하고 있습니다.

077 자원봉사자에게 내가 봉사한다는 마음으로!

　　　　자원봉사자는 단체나 개인이 스스로 자청하여 무보수로 봉사하는 사람들입니다. 재가 케어를 할 때 이들의 도움을 받기 위해서는 여러 가지 준비를 해야 합니다. 돈을 받고 일하는 게 아니기 때문에 오히려 관계가 틀어지기 쉽습니다. 따라서 처음부터 자원봉사자에게 많은 것을 기대하기보다는 천천히 친해지는 것이 좋습니다. 처음에는 자원봉사자를 대접한다는 생각으로 대하는 것도 좋은 방법입니다.

Chapter 9

복지시설(노인 입소시설)의 이용

078 노인 입소시설이란?
079 노인 입소시설은 지역에 따라 오래 기다려야 할 경우가 있다
080 노인장기요양보험이 노인 입소시설을 바꾼다

078 노인 입소시설이란?

노인 요양시설이란 심신에 장애가 있어서 케어가 필요한 노인이 입소하는 시설입니다. 원래 신체가 허약한 노인들이 대부분이었지만, 지금은 주로 치매노인들이 입소하고 있습니다. 노인 요양시설, 노인 전문 요양시설, 노인 요양 공동생활가정 등이 있습니다. 병원이 아니기 때문에 의료적인 케어가 많이 필요한 노인들은 입소하기 어려운 경우도 있습니다. 또한 입소 희망자가 많아 오래 기다려야 하는 곳도 적지 않습니다. 앞으로 노인들의 다양한 욕구에 맞는 다양한 시설을 확충하기 위해 무료/유료, 실비/유료시설의 구분을 없애고 노인요양시설로 통합하였고, 신규 시설로는 노인 요양 공동생활가정(그룹 홈), 소규모 요양시설, 농어촌 재가노인복지시설을 확충할 수 있도록 노인복지법이 개정되었습니다(2007. 7).

079 노인 입소시설은 **지역**에 따라 **오래 기다려야** 할 경우가 있다

현재(2008년 기준) 한국의 노인 입소시설은 재가 요양기관 11,931개소, 시설 요양기관 2,629개소가 있습니다. 서울처럼 인구가 밀집된 지역에서는 입소하기 위해 오래 기다려야 하는 경우가 많습니다. 장기요양보험에 의해 이용자가 직접 선택할 수 있게 되면 평판이 좋은 시설은 지원자가 많이 몰려서 대기 시간이 더 길어질 수도 있습니다. 대기 시간은 지역이나 시설에 따라 다르기 때문에 급할 때 당황하지 않도록 자신이 사는 지역의 실정을 미리 알아보고 준비해야 합니다.

080

노인장기요양보험이 노인 입소시설을 바꾼다

과거의 노인 입소시설은 행정기관에서 일정액의 케어 비용을 받아서 운영해 왔기 때문에 이용자에게 선택권이 없었고, 입소 후 서비스에 관해서도 불만을 토로할 수 없는 구조였습니다. 그래서 시설들 간에 경쟁이 없었고 서비스의 내용이나 질을 향상시키려는 노력도 미미했습니다. 하지만 노인장기요양보험이 시작되면서 이용자가 직접 입소시설을 선택할 권리를 갖게 되었기 때문에 앞으로는 원하는 서비스를 구체적으로 요구할 수 있게 될 것입니다.

Chapter 10

유료 노인 입소시설의 이용

081 계약하기 전에 시설 경영 상태를 꼭 확인하자

082 유료 노인입소시설의 케어 내용을 꼼꼼히 확인하자

083 이용요금이 비싼 입소시설도 활용하기 나름

081

계약하기 전에 시설 경영 상태를 꼭 확인하자

유료 노인입소시설은 사기업이기 때문에 사적인 계약에 의해 입소가 이루어집니다. 또한 입소 시에 적어도 수백만 원에서 많게는 수억 원의 돈이 들게 됩니다. 만약 자신이 계약한 유료 노인입소시설이 도산한다면 계약금을 돌려받지 못하는 사태가 벌어질 수도 있습니다. 따라서 입소할 때는 반드시 시설 경영에 대해 미리 충분히 조사한 다음 전문가와 상담하여 여유롭게 자금 계획을 세워두어야 합니다.

082

유료 노인입소시설의 케어 내용을 꼼꼼히 확인하자

치매노인을 케어해주는 케어형 유료 노인입소시설이라 해도 케어의 내용은 시설마다 제각기 다릅니다. 배회행동에 어떻게 대처하는지, 외출할 때 함께 가 주는지, 치매가 악화되어 계속 누워 지내야 할 때 어떻게 케어해 주는지, 신체질환이 생겼을 때 어떻게 대응하는지 등 걱정되는 부분을 구체적으로 확인해야 합니다. 실제로 견학해서 그곳에서 생활하는 분들의 모습을 직접 보거나 이용 경험이 있는 다른 가족들의 의견을 들어보는 것이 좋습니다. 무엇보다 케어를 잘 한다고 입소문이 난 곳을 찾는 게 가장 효과적일 수 있습니다.

083

이용요금이 비싼 입소시설도 활용하기 나름

재산을 처분한 게 아니라면 일반 가정에서 수천만원의 입소비나 매달 수십만원의 비용을 지불하는 것은 결코 쉽지 않은 일입니다. 그렇지만 비용이 많이 드는 유료 노인입소시설을 아예 이용할 수 없는 것은 아닙니다. 노인입소시설 중에는 중단기 입소를 받아주는 곳도 있습니다. 그런 시설들은 비교적 유연하게 대응해주기 때문에 다소 비용이 많이 들더라도 긴급할 때는 큰 도움을 받을 수 있습니다.

Chapter 11

의료기관의 이용

084 병원에도 여러 종류가 있다
085 「불쌍해서 정신병원에 어떻게 보내요」라고 생각하는 것은 큰 오해!
086 입원 치료엔 자기 부담액이 있으니 꼭 확인하자

084

병원에도 여러 종류가 있다

급성기 병원은 환자를 수술이나 약물요법으로 치료하여 신속하게 퇴원시키는 것을 목적으로 합니다. 하지만 요양병원은 환자의 노인성 질환 혹은 만성기적 질병의 특성상 장기입원이 가능하며 일반병원에 비해 입원비가 저렴합니다. 이러한 요양병원은 의료법에 명시되어 있으며 의사 또는 한의사가 의료를 행하는 곳이라고 정의되어 있습니다.

또한 의료서비스 제공을 목적으로 개설된 의료기관을 말하며 요양환자 30인 이상을 수용할 수 있는 시설을 갖추고 있어야 하고, 일반 병원과 달리 의사 및 간호사의 법정 배치기준 완화와 사회복지사나 물리치료사를 추가 배치하도록 한 것이 특징입니다.

요양병원은 일반의료기관으로 입·퇴원이 자유롭고 장애등급이나 요양등급을 받을 필요가 없습니다. 하지만 요양시설은 케어

제공을 목적으로 하는 노인장기요양보험법에 규정되어 있기 때문에 요양 1등급 혹은 2등급을 받아야 입소할 수 있습니다.

현재 우리나라의 경우 요양병원과 요양시설에 유사한 환자들이 혼재되어 있어 명확한 개념정의가 시급합니다.

구분	요양시설	요양병원
의사	의사 혹은 한의사 근무가 필수 사항은 아님. 촉탁의 방문진료 가능 (현재 요양원에는 대부분 의사가 없다)	연평균 입원환자 40명 당 의사 혹은 한의사 1명
간호사 (혹은 간호조무사)	입소자 25명당 1명	연평균 입원환자 6명 당 1명 (그중 2/3까지는 간호조무사 가능)
요양보호사 (=간병인)	입소자 2.5명당 1명	간병비용: 건강보험 적용 필수사항 아님 간병을 가족이 하거나 간병비를 따로 지불 아직 건강보험 적용받지 못함
사회복지사	입소자 100명 당 1명	1병원 당 1명
물리치료사	입소자 100명 당 1명	입원환자 100명 당 1명
시설기준	노인복지법 규정에 따른다	의료법 규정에 따른다
건강보험 (장기요양보험)	적용	적용
입원대상	요양등급 1 혹은 2등급	노인성질환자, 만성질환자 (단 정신질환자는 정신병원)
입원비용	본인부담금: 대개 40~50만원(1개월)	건강보험 수가 중 본인부담금=[보통 40~80만원(1개월)]+[간병인 비용(보통 1개월에 40~80만원)] =[합계 80~160만원 정도]

085
「불쌍해서 정신병원에 어떻게 보내요」라고 생각하는 것은 큰 오해!

「불쌍해서 정신병원에 어떻게 보내요」라며 정신병원만은 보내려 하지 않는 가족들의 마음은 충분히 이해합니다. 하지만 주로 신체적인 질병이 있는 환자들이 입원한 병원에 손이 많이 가는 치매노인이 입원하게 되면 간호원들이 제대로 신경을 못 써줄 뿐더러, 의사도 정신 관련 약제들을 잘 다루지 못하는 경우가 많아서 결국 약물 부작용으로 누워 지내게 되는 일도 많습니다. 다만 모든 정신과 의사가 치매 치료에 익숙한 것은 아니라는 것을 염두에 두고 병원을 신중하게 선택해야 합니다.

086

입원 치료엔 자기 부담액이 있으니 꼭 확인하자

입원 치료를 받을 때는 병원을 찾아가서 치료의 질적인 수준을 자신의 눈으로 직접 확인하고 동시에 비용이나 입원 기간 등을 미리 살펴보는 것이 중요합니다. 이런 병원들은 의료비의 자기 부담분, 식비, 기저귀비, 세탁비, 간식이나 소모품 비용 등 보험으로 처리되는 비용 외에도 80만원에서 200만원 정도를 더 내야 합니다. 그 밖에도 1인실이나 2인실 등을 이용할 때는 별도로 침상비를 더 내야 합니다. 또 입원할 때 일정액의 보증금(퇴원할 때 돌려줌)을 내야 하는 곳도 있습니다.

Chapter 12

시설을 선택하는 방법

087 병원 및 시설은 미리 알아두자
088 시설은 직접 방문해서 살펴보고 청결한지 확인하자
089 노인 요양 공동생활가정(그룹 홈)도 장점만 있는 것은 아니다
090 노인 요양 공동생활가정을 선택할 때 주의할 점

087

병원 및 시설은 미리 알아두자

재가케어를 하기로 마음먹은 사람이라도 여유가 있을 때 병원이나 시설을 견학해두는 것은 꼭 필요한 일입니다. 시설 케어의 장점을 알게 되기도 하고 자신이 얼마나 케어를 잘하고 있는지 확인하여 자신감을 갖게 될 수도 있습니다. 치매의 경우 케어 기간이 길기 때문에 장래를 대비해서 필요할 때 언제든 시설에서 도움을 받을 수 있다는 마음을 가지고 있으면 심리적으로 케어 부담도 줄어들 것입니다. 재가케어 이외의 시설 케어와 이용할 수 있는 사회자원을 잘 알아두면 케어에 대한 생각의 폭이 넓어지고 케어하는 데 안심이 될 것입니다.

088 시설은 직접 방문해서 살펴보고 청결한지 확인하자

견학을 갈 때는 건물의 외관이나 직원의 활기찬 모습뿐 아니라 그곳에서 생활하는 노인들의 표정이나 분위기를 잘 살펴봐야 합니다. 노인들이 생기있고 청결한 모습이라면 좋은 시설이라고 볼 수 있습니다. 또한 침대에 누워 있기만 하는 노인들의 모습도 잘 살펴봐야 합니다. 방에서 대소변 냄새가 나지는 않는지, 배설한 기저귀를 바로 바꿔주는지 아니면 따로 정해진 시간에 바꿔주는지 후자라면 하루에 몇 번 갈아주는지도 물어봐야 합니다. 목욕 시설이나 횟수도 반드시 확인해야 합니다.

089
노인 요양 공동생활가정(그룹 홈)도 장점만 있는 것은 아니다

최근 치매노인들을 여덟 명 내외의 소그룹으로 케어하는 노인 요양 공동생활가정이 늘어나고 있습니다. 이 공동생활가정은 대규모 시설이나 병원에서 찾아볼 수 없는 장점들이 많지만 단점도 있습니다. 예를 들어, 대형 시설에서는 큰 소리를 내거나 배회행동이 심한 노인이 눈에 잘 띄지 않습니다. 하지만 소규모일 때는 다른 입소자들과 쉽게 구별되기 때문에 다른 입주자에게 나쁜 영향을 미칠 수 있습니다. 따라서 시설의 종류에 따른 특성이나 각 시설의 개성을 이해하여 자신의 가족에게 알맞은 시설을 찾기 바랍니다.

> **Tip** 노인 요양 공동생활가정(그룹 홈)

　6~10명 정도가 생활하는 소규모 시설로 과거와는 달리 가정적인 분위기가 느껴지는 시설입니다. 스웨덴은 1980년대부터 〈그룹 홈〉을 추진해 현재 나라 전역에 보급되어 있으며, 일본에서는 탈脫재가케어나 탈脫시설 케어를 목표로 한 새로운 시도로 기대를 모으고 있습니다.

090 노인 요양 공동생활가정을 선택할 때 **주의할 점**

　　　　　　노인 요양 공동생활가정의 가장 큰 장점은 규모가 작아서 자신의 집에서 생활하는 것처럼 편안하게 생활할 수 있다는 점입니다. 하지만 이것이 오히려 단점이 되기도 합니다. 앞에서 말한 것처럼 규모가 작으면 동료와 관계가 좋지 않을 때 피할 곳이 없습니다. 또한 직원 수가 적기 때문에 그 중 한명이라도 문제를 일으키는 직원이 있다면 큰 시설과는 비교할 수 없을 정도로 그 영향력이 큽니다. 따라서 사전 조사를 신중하게 해야 하며 입소한 뒤에도 「그룹 홈이니까 괜찮겠지」라고 생각하지 말고 가족이 자주 방문해야 시설의 도덕적인 질을 높일 수 있습니다.

Chapter 13

치매케어에서의 자기 결정

091 〈자기 결정〉 문제는 어렵지만 피해 갈 수 없다
092 독선은 실수의 시작
093 입원이나 입소 결정은 어떻게 할 것인가?

091

〈자기 결정〉 문제는 어렵지만 피해 갈 수 없다

노인 입소시설에 들어가야할지 말아야 할지, 케어 서비스에 자신의 자산을 어떻게 사용할 것인지, 임종기 치료를 어떻게 할 것인지 등 삶의 질을 높이기 위한 중요한 문제를 치매노인 스스로 결정하는 것을 〈자기 결정〉이라고 합니다. 치매에 걸리면 이러한 〈자기 결정〉을 하기 어렵고 또한 결정했다 하더라도 실행에 옮기기 못하기 때문에 문제가 생기게 됩니다. 케어하는 사람의 체력, 기력, 경제력 등 여러 가지 사정 때문에 노인 자신의 희망대로 되지 않는 경우도 많지만 가능한 한 본인의 의사대로 케어받을 수 있게 해주어야 합니다.

092

독선은 실수의 시작

치매노인 본인의 의향을 확인할 수 없을 때, 또는 주위의 상황이나 자신의 상황을 정확하게 판단하지 못할 때는 가족이 대신 판단하게 됩니다. 그런 상황에서는 가족들이 모여 충분히 상의하는 것이 좋습니다. 어떤 결정을 할 때 실제 케어하는 사람의 의견이 먼저 존중되어야 하는 건 당연하지만, 처음부터 「어머니의 마음을 아는 건 나뿐이에요」라는 식의 독선적인 태도는 실수의 원인이 되며 소중한 가족들의 마음을 불편하게 할 수도 있습니다.

093

입원이나 입소 결정은 어떻게 할 것인가?

원래 시설에 입소하거나 병원에 입원하는 것은 본인의 의사를 존중해야 합니다. 특히 출입문이 잠겨 있어 자유롭게 출입할 수 없는 곳은 법률적인 절차가 필요한데 현재 본인이 판단할 능력이 없다면 가족이 본인의 이름으로 서류 작성을 대행해야 합니다. 법률로 정해져 있지 않아서 어쩔 수 없긴 하지만 아무리 배회행동이 위험하다고 해도 개인의 자유를 속박하는 일이기 때문에 신중하게 결정해야 합니다.

Chapter 14

재산 문제를 해결하는 방법

094 한국의 후견인 제도
095 재산과 관련된 일들은 미리 처리해두자

094

한국의 후견인 제도

　　　　　　한국 현행 민법에서 규정하고 있는 한정치산과 금치산제도는 오래전부터 그 문제점이 지적되어 왔습니다. 이러한 두 종류의 후견제도는 천편일률적이고 추상적이어서 오히려 사회적 약자인 치매노인 등의 능력을 박탈하거나 제한하는 역기능을 낳고 말았습니다.

　당사자의 의사와 무관하게 배우자, 직계 혈족의 연장자, 3촌 이내의 혈족 중 연장자가 후견인이 되는데 후견인이 나이가 많으면 실질적인 도움이 되지 않는 경우가 있습니다. 또한 후견인을 1명으로 제한하고 있기 때문에 복잡하고 다양한 후견 업무 등을 감당하기 어렵다는 점도 큰 문제입니다. 게다가 한정치산 또는 금치산 심판이 확정되면 호적에 기재되기 때문에 가족들이 사회적으로 차별당한다고 느낄 우려가 있습니다. 명칭도 무능력자라는 어감이 제거된 다른 용어로 바꿀 필요가 있습니다.

즉 현행 후견인 제도는 치매 등으로 인해 판단력을 상실한 사람들의 재산권 및 계약권 등의 법적 권리, 신상보호 등을 지원하기에 역부족입니다. 또한 사회적 약자를 보호하거나 구제할 적절한 제도도 없는 실정입니다. 따라서 서구의 국가들처럼 후견제도를 개혁한 성년후견제도 도입을 검토해 볼 필요가 있습니다.

Tip 일본의 성년후견제도

2000년 4월 부터 성년 후견에 관한 개정된 민법 규정이 시행되었습니다. 주로 재산관리 위주였던 금치산, 준금치산 2단계에서 자기결정 능력이 전혀 없는 사람을 위한 후견後見제도, 약간의 능력이 있는 사람을 위한 보좌保佐제도, 경도 장애가 있는 사람을 위한 보조輔助제도 등 3단계로 구분하여 정비되었습니다. 또한 본인의 의사가 존중될 뿐아니라 손쉽게 이용할 수 있는 제도가 되었습니다. 그 밖에도 치매가 더 악화되었을 경우를 대비해, 능력이 있을 때 변호사나 특정인에게 자신의 재산을 관리하도록 하거나 임종기 케어에 관한 본인의 의사가 관철될 수 있도록 미리 조치해두는 임의任意 후견제도가 마련되었습니다.

095

재산과 관련된 일들은 미리 처리해두자

최근 치매노인을 둘러싸고 재산이나 상속 문제와 관련된 소송이 늘고 있습니다. 치매노인 자신이 판단 능력이 있다면 그 의사대로 문제를 해결하면 됩니다. 하지만 판단 능력에 장애가 있으면 일상적인 경비, 재산, 상속 문제 등과 같은 문제를 스스로 판단할 수 없기 때문에 돈과 관련된 문제들이 자주 발생합니다. 따라서 본인 명의의 부동산 매매, 유언장 작성, 양자 입양 등의 일은 본인의 능력에 관한 전문가의 평가를 받아 법률적인 절차를 명확하게 해두는 것이 좋습니다.

Chapter 15

임종기의 의료·케어

096 〈삶의 질〉의 함정
097 모든 친지에게 마음의 준비를 할 시간을 주자
098 당사자인 치매노인은 어떻게 생각할까?
099 소생술은 의사의 본능
100 만일을 대비해 두면 걱정할 필요가 없다

096

〈삶의 질〉의 함정

치매노인의 임종 케어에 있어서 〈삶의 질QOL:Quality of Life〉이라는 용어는 신중하게 사용해야 합니다. 왜냐하면 종종 의료적인 치료를 중단하기 위해 QOL을 구실삼기도 하기 때문입니다. 물론 임종기 환자에게 무조건 연명치료를 하는 것은 본인과 그 가족 어느 쪽에게도 도움이 되지 않습니다. 경우에 따라 의료 행위의 중단이 노인의 고통을 줄여주는 경우도 있습니다. 하지만 생명을 단축하거나 오히려 고통을 배가시킬 위험도 있습니다. 따라서 적극적인 치료는 하지 않더라도 언제든 의료적인 케어를 받을 수 있도록 준비해 둘 필요는 있습니다.

> **Tip** QOL

　Quality Of Life의 약자로서 〈삶의 질〉로 번역됩니다. 임종기 치료에서는 〈생명의 질〉이라고도 부릅니다. 얼마나 사람답게 살고 행복한 생활을 하고 있는지를 척도화한 개념입니다.

097

모든 친지에게 마음의 준비를 할 시간을 주자

치매노인의 죽음이 가까워지면 가족들은 이성적인 판단을 내리기가 매우 어렵습니다. 충분히 케어했다고 여기면서 어느 정도 만족하는 마음으로 떠나보내는 사람이 있는가 하면, 후회나 죄책감에 휩싸여 한없이 슬퍼하는 사람 등 임종기가 다가오면 가족들은 만감이 교차합니다. 좋은 마음으로 보내드리기 위해서는 과정이 중요합니다. 멀리 떨어져 사는 친척에게도 케어 상황을 세세하게 알려 주어서 조금씩 마음을 정리할 수 있는 시간을 주는 것이 좋습니다. 임종을 맞이했을 때를 대비하여 여러 가지 논의할 일들도 시간이 있을 때 미리 해두어야 합니다. 갑자기 위독하다는 연락을 받고 달려온 가족에게 객관적인 판단을 요구하는 것은 무리입니다.

098 당사자인 치매노인은 어떻게 생각할까?

임종기 케어에서는 치매노인 본인이라면 어떻게 생각할까를 마음속으로 항상 생각해보고 선택하는 것이 중요합니다. 「가족으로서 이런 모습은 보고 있기가 괴롭다」라는 마음은 충분히 이해합니다. 하지만 이 시기에 가장 큰 문제가 되는 것은 노인 자신의 〈생명의 질〉입니다. 자신의 생각을 표현할 수 없는 치매노인을 대신해서 최선의 판단을 해줄 수 있는 것은 가족입니다. 이럴 때일수록 한발짝 물러서서 임종을 맞고 있는 노인의 처지에서 생각해보는 것이 중요합니다.

099

소생술은 의사의 본능

　　　　심장이나 폐 기능이 정지한 사람에게 인공호흡이나 심장 마사지를 하거나 강심제, 승압제를 투여하는 것을 〈소생술〉이라고 합니다. 심폐가 정지된 환자를 본 의사는 곧바로 소생술을 하도록 훈련되어 있으며 대부분 실패한다는 것을 알면서도 그렇게 합니다. 치매가 진행되어 어떠한 이유이든 신체가 약해져 죽음이 가까워졌을 때 보호자로서는 불필요한 치료 때문에 고통을 겪게 하기 보다는 자연스럽게 보내드리고 싶다고 생각하는 것이 당연합니다. 하지만 임종할 때 담당 의사를 정해두고 상담을 충분히 해두지 않는다면 자연스럽게 죽음을 맞게 하기 어렵습니다.

100
만일을 대비해 두면 걱정할 필요가 없다

지금까지 치매케어에 관해 여러 가지 필요한 사항들을 소개해 보았습니다. 마지막으로 중요한 것 중 하나는 미리 준비해 두면 아무 걱정을 할 필요가 없다는 것입니다. 조기에 검진을 받고 본인의 의사를 가족들에게 미리 전해둔다면 가족들도 케어하는 데 있어서 의사 결정을 쉽게 할 수 있습니다. 재가케어를 할 때도 케어하는 사람에게 문제가 있을 경우를 대비해서 미리 병원을 찾아두는 편이 좋습니다. 치매는 점점 악화되다가 결국 죽음에 이르는 질병입니다. 병이 진행되었을 때의 대응이나 임종기 치료에 대해서 건강할 때 미리 상의해 두는 것이 중요합니다. 임종 케어를 원만하게 하지 못해서 후회하는 일이 없도록 말입니다.

> **노인장기요양기관 평가**
>
> 건강보험관리공단은 노인장기요양보험 서비스의 질을 향상하고 수급자의 선택권을 보장하기 위하여 2009년 입소시설과 2010년 재가장기요양기관에 대한 평가를 실시하였으며 우수기관과 최우수기관을 선정하였다.

부록

노인장기요양기관 우수 평가 기관

- 2009년도 입소시설 우수 평가 기관
- 2010년도 재가장기요양기관 최우수 평가 기관

2009년도 장기요양기관(입소시설) 우수 평가 기관(30인 이상)

장기요양기관명	주소	전화번호
강릉효도마을	강원도 강릉시 강동면[강동면] 심곡리 3번지 3호	033-644-5766
강진군노인전문요양원	전남 강진군 강진읍[강진읍] 교촌리 318번지 1호	061-434-9966
경주시립노인전문간호센터	경북 경주시 현곡면[현곡면] 상구리 7번지 3호	054-777-3631
고흥군노인전문요양원	전남 고흥군 고흥읍[고흥읍] 남계리 182번지	061-830-4110
광주보훈요양원	광주시 광산구 첨단2동[산월동] 887번지 2호	062-602-5800
구리시립노인전문요양원	경기도 구리시 갈매동[갈매동] 43번지 7호	031-575-9006
구립영등포노인케어센터	서울시 영등포구 문래제1동[문래동3가] 76번지 2호	02-2637-3970
구립용산노인전문요양원	서울시 용산구 효창동[효창동] 3번지 306호	02-715-5540
군포시노인전문보건센터	경기도 군포시 군포2동[부곡동] 770번지 1호	031-390-8970
기장실버홈	부산시 기장군 정관면[정관면] 매학리 525번지 25호	051-728-7011
김포수산나의집	경기도 김포시 대곶면[대곶면] 송마리 8번지 5호 24통	031-988-5236
너싱홈그린힐	경기도 광주시 송정동[탄벌동] 598번지 4호	031-768-5226
노틀담 사랑터	경기도 오산시 남촌동[청학동] 70번지 17호	031-378-6825
녹십자노인전문요양센터	경기도 수원시 팔달구 인계동[인계동] 942번지 5호	031-236-7712
다사랑마을	강원도 강릉시 강동면[강동면] 심곡리 3번지 3호	033-644-7993
대전은혜의 집	대전시 서구 기성동[장안동] 356번지	042-585-3386
대한간호노인요양원	경기도 용인시 처인구 역삼동[역북동] 257번지 1호	031-333-2266
도봉실버센터	서울시 도봉구 방학제3동[방학동] 441번지 1호	02-955-6080
동명노인복지센터	서울시 관악구 봉천제1동[봉천동] 647번지 10호	02-875-2770
마산시니어카운티	경남 창원시 마산합포구 구산면[구산면] 석곡리 394번지 1호	055-221-0704
문경시시립 노인전문간호센터	경북 문경시 문경읍[문경읍] 교촌리 77번지 9호	054-550-8100
보은노인전문요양원	대구시 서구 비산2.3동[비산동] 116번지 3호	053-521-0741

장기요양기관명	주소	전화번호
보은의집	전북 군산시 서수면[서수면] 마룡리 293번지	063-451-8778
복음실버타운	대구시 북구 태전동[태전동] 1064번지 2호	053-323-9343
상애노인전문요양원	강원도 원주시 행구동[행구동] 825번지 1호	033-747-8080
서울특별시립 엘림전문요양원	경기도 군포시 산본1동[산본동] 1100번지	031-390-3901
서청주노인요양원	충북 청주시 흥덕구 강서제1동[현암동] 47번지 13호	043-239-7890
선덕효심원	전북 전주시 완산구 삼천3동[삼천동3가] 729번지 21호	063-221-9977
성베드로의집	경기도 안성시 안성3동[사곡동] 263번지 10호	031-675-3881
성요셉노인전문요양원	경남 양산시 서창동[명동] 124번지 1호	055-365-1910
성이시돌요양원	제주특별자치도 제주시 한림읍[한림읍] 금악리 109번지	064-796-0037
수원보훈요양원	경기도 수원시 장안구 연무동[하광교동] 428번지	031-240-9000
수원시립노인전문요양원	경기도 수원시 장안구 파장동[파장동] 199번지 2호 13통 1반	031-257-0130
순천향림실버빌	전남 순천시 삼산동[석현동] 636번지 1호	061-751-8575
시립동부노인전문요양센터	서울시 성동구 도선동[홍익동] 16번지 1호	02-3407-2700
시립서부노인전문요양센터	서울시 마포구 성산제2동[성산동] 368번지 2호	02-376-0472
신광요양원	전북 익산시 팔봉동[덕기동] 703번지 13호	063-838-2321
실버릿지 안성센터	경기도 안성시 죽산면[죽산면] 매산리 687번지 3호	031-674-6763
서울여자간호대학 실버케어스	서울시 서대문구 홍제제3동[홍제동] 287번지 89호	02-913-1842
아가페노인전문요양원	전북 익산시 황등면[황등면] 율촌리 232번지 36호	063-856-1038
아녜스의 집	경기도 수원시장안구 정자3동[천천동] 575번지 1호 51통 1반	031-269-1009
안산시립노인전문요양원	경기도 안산시상록구 사동[사동] 1586번지	031-409-3691
에덴노인전문요양센터	경기도 남양주시 수동면[수동면] 내방리 361번지 2호	031-591-5236

장기요양기관명	주소	전화번호
용인노인요양원	경기도 용인시 처인구 백암면[백암면] 근삼리 769번지 1호	031-334-3677
월명성모의 집 노인전문요양원	경북 김천시 남면[남면] 월명리 242번지 4호	054-435-8122
유자원	서울시 동대문구 휘경제2동[휘경동] 44-4번지	02-3394-5467
은혜마을	경기도 연천군 전곡읍[전곡읍] 은대리 99번지 4호	031-835-8309
은혜의집	충북 청원군 현도면[현도면] 상삼리 162번지 4호	043-269-2606
인애시니어W-센터	광주시 남구 봉선2동[봉선동] 132번지 13호 외 6필지	062-654-7777
임마누엘실버홈	대전시 동구 판암1동[판암동] 396번지 9호	042-284-5288
자혜은빛마을	대전시 서구 기성동[오동] 175번지 1호	042-586-8883
작은안나의집	경기도 광주시 도척면[도척면] 유정리 579번지 1호	031-764-9751
정성노인의집	경기도 성남시 분당구 운중동[석운동] 61번지 19호	031-705-3973
(주)미소들	서울시 구로구 개봉제1동[개봉동] 43번지 1호	02-2067-9250
진명고향마을	대구시 동구 공산동[중대동] 684번지	053-982-8817
참사랑전문요양원	경기도 이천시 신둔면[신둔면] 용면리 171번지	031-638-0650
창강요양원	경기도 여주군 가남면[가남면] 삼승리 302번지 3호	031-881-1211
파라밀 요양원	경기도 안성시 죽산면[죽산면] 장능리 783번지 3호	031-671-3677
평안의집	울산시 울주군 두동면[두동면] 봉계리 310번지 6호	052-264-5106
평택시노인전문요양원	경기도 평택시 청북면[청북면] 토진리 70번지 22호	031-684-1677
포천분도마을	경기도 포천시 선단동[자작동] 589번지	031-539-0500
프란치스꼬의집	전남 장성군 진원면[진원면] 선적리 170번지 1호	061-390-9600
한빛마을	강원도 강릉시 구정면[구정면] 어단리 700번지	033-647-6058
호서노인전문요양원	충남 천안시 동남구 청룡동[삼룡동] 41번지 12호	041-558-7772
효성노인건강센터	부산시 기장군 장안읍[장안읍] 기룡리 69번지 1호	051-727-5080

2009년도 장기요양기관(입소시설) 우수 평가 기관(10인 이상~30인 미만)

장기요양기관명	주소	전화번호
고양효샘 소규모 요양시설(나형)	경기도 고양시덕양구 성사1동[성사동] 705번지	031-967-3403
광주간호사회복지센터	광주시 광산구 어룡동[소촌동] 510번지 4호	062-943-3217
김포실버	경기도 김포시 통진읍[통진읍] 옹정리 110번지 12호	031-998-8109
나눔의샘 소규모 요양시설	경기도 의정부시 신곡2동[신곡동] 785번지 9호	031-851-5695
더불어사는집	전남 여수시 소라면[소라면] 덕양리 1343번지 12호	061-685-5109
둥지실버홈	경기도 양주시 장흥면[장흥면] 석현리 360번지 2호	031-829-6067
메디케어(같은지역에 비슷한 이름의 시설 여러 개 존재)	경기도 성남시 분당구 구미동[구미동] 205번지 1호 오성프라자 501호	031-719-9949
벧엘노인복지원	강원도 홍천군 남면[남면] 화전리 1049번지 1호	033-432-3920
사랑마루 수원점	경기도 수원시 권선구 서둔동[탑동] 757번지 1호	031-294-3275
소망의집	경기도 안성시 원곡면[원곡면] 산하리 676번지	031-667-6443
시온의집	경기도 성남시 중원구 상대원1동[상대원동] 1915번지 1호	031-734-5401
실로암평화의 집	경기도 양평군 지평면[지평면] 수곡리 199번지 1호 24통 2반 실로암평화의집	031-772-4387
실버릿지서초센터	서울시 서초구 서초1동[서초동] 1434번지 7호	02-582-7189
실버릿지ICC	서울시 서초구 서초1동[서초동] 1440번지 2호	02-583-3514
안나의집	경기도 고양시 일산동구 고봉동[성석동] 1015번지 3호	031-977-9182
양평안식관 소규모 요양센터	경기도 양평군 용문면[용문면] 마룡리 495번지 2통 1반	031-773-7771
예광공동체	경기도 광명시 광명3동[광명동] 159번지 43호 15통 4반	02-2682-2247
유당너싱홈	경기도 수원시 장안구 조원2동[조원동] 119번지 3호 1통 1반	031-242-0079
은혜요양원	경기도 양주시 남면[남면] 두곡리 163번지 2호	031-868-5628
은혜의집	전북 완주군 화산면[화산면] 화월리 633번지 6통 1반	063-263-1378
이양재노인종합센터	전북 전주시 완산구 서서학동[서서학동] 244번지 3호	063-282-2277

장기요양기관명	주소	전화번호
인보의집소규모 요양시설	경기도 성남시 수정구 수진1동[수진동] 661번지	031-751-1937
자비의집	서울시 은평구 녹번동[녹번동] 81번지 21호	02-354-1116
정선효도마을	강원도 정선군 임계면[임계면] 임계리 1117번지	033-562-5463
중앙소규모요양시설(나형)	강원도 홍천군 북방면[북방면] 하화계리 428번지 8호	033-435-4788
진명해안노인종합전문센터	대구시 동구 해안동[신평동] 760번지 23호	053-981-0783
하예성 사랑의 집	경기도 양주시 남면[남면] 상수리 375번지	031-864-2774
학장노인요양센터	부산시 사상구 학장동[학장동] 611번지 6호	051-314-2280
한희그린실버	광주시 남구 대촌동[월성동] 183번지	062-374-8828
행복요양원	"경남 김해시 동상동[동상동] 717번지 5호 정환빌딩 2,3,6층"	055-339-5743
현산소규모요양원	강원도 양양군 양양읍[양양읍] 서문리 316번지 1호 1통 3반 서문5길내	033-672-8898

2009년도 장기요양기관(입소시설) 우수 평가 기관(10인 미만)

장기요양기관명	주소	전화번호
건강한 집	경기도 김포시 월곶면[월곶면] 고막리 387번지 1호	031-982-3328
광진노인요양공동생활가정	서울시 광진구 구의제2동[구의동] 30번지 25호	02-499-1515
나눔의샘 평안 노인요양 공동생활가정	경기도 의정부시 신곡2동[신곡동] 785번지 5호	031-851-5697
나눔의샘 행복 노인요양 공동생활가정	경기도 의정부시 신곡2동[신곡동] 785번지 5호	031-851-5697
동명노인요양공동생활가정	서울시 관악구 봉천제1동[봉천동] 647번지 29호	02-875-2770
사랑의 쉼터	경기도 안성시 양성면[양성면] 명목리 213번지 2층	031-674-2322
수정실버하우스	경기도 고양시 일산서구 송산동[구산동] 1519번지 1호	031-925-2887
수진노인센터 실버빌(4호)	경기도 성남시 수정구 신흥1동[신흥동] 6947번지 601호	031-898-1234
실버밸리노인요양 공동생활가정	서울시 금천구 가산동[가산동] 150번지 2호	02-866-6690
엘림의 집 노인요양 공동생활가정	울산시 북구 농소3동[상안동] 426번지 7호	052-295-0003
웰빙시니어간호센터 A동	경기도 파주시 탄현면[탄현면] 갈현리 455번지 12호 1층	031-949-1271
은빛마루	강원도 홍천군 홍천읍[홍천읍] 장전평리 359번지 2호	033-435-3552
은진노인요양공동생활가정	서울시 동대문구 장안제4동[장안동] 298번지 22호	02-2249-0580
은천노인요양공동생활가정	서울시 동대문구 장안제4동[장안동] 298번지 22호	02-2249-0580
인제노인요양원	대전시 서구 정림동[정림동] 496번지	042-585-2081
일광노인요양공동생활가정	서울시 성북구 삼선동[삼선동3가] 33번지 4호	02-742-0755
진상노인요양공동생활가정	전남 광양시 진상면[진상면] 섬거리 624번지 6호	061-772-6790
참노인요양원 (공동생활가정)	서울시 영등포구 대림제3동[대림동] 667번지 11호 주현라이프 5층	02-833-6886
하늘채요양원	경기도 김포시 하성면[하성면] 전류리 67번지 13호	031-984-6004
한빛노인요양공동생활가정	경기도 고양시 덕양구 행주동[토당동] 855번지 능곡역 프라자 401호	031-973-5576
효성의집(1)	대전시 서구 갈마동[갈마동] 337번지 17호	042-531-9749
훼미피아실버그룹홈	서울시 강서구 방화제2동[방화동] 645번지 40호	02-2664-0688
YWCA은학의집 노인요양 공동생활가정	경기도 성남시 분당구 야탑3동[야탑동] 223번지	031-707-8790

서울

2010년 최우수 평가 기관 현황(방문시설)

장기요양기관명	주소	전화번호
그린케어강남노인복지센터	서울시 강남구 역삼제1동[역삼동] 702번지 13호 성지하이츠 1314호	02-501-7541
복지콜강남 재가노인복지센터	서울시 강남구 일원제1동[일원동] 641번지 642-11 304호	02-2226-5119
영산 강남노인복지센터	서울시 강남구 역삼제1동[역삼동] 707번지 38호 테헤란오피스빌딩 906호	02-565-3857
㈜비지팅엔젤스코리아	서울시 강남구 역삼제2동[역삼동] 707번지 1호 두꺼비빌딩 805호	02-1544-3183
한우리케어노인복지센터	서울시 강남구 삼성제1동[삼성동] 142번지 3호 엘지에크라트 B동 215호	02-2051-3384
효자돌보미	서울시 강남구 수서동[수서동] 716번지 사이룩스 서관 1102호	02-2149-9988
방문천사 비지팅엔젤스 강북지점	서울시 강북구 번제1동[번동] 454번지 106호 3층	02-994-5008
백운재가요양센터	서울시 강북구 수유제2동[수유동] 316번지 3호 9통 1반	02-993-9356
한겨레실버 북서울복지센터	서울시 강북구 수유제3동[수유동] 2번지 7호 301호	02-994-2324
호산나노인복지센터	서울시 강북구 인수동[수유동] 404번지 9호 20통 1반	02-907-7956
e-포근한 노인센터	서울시 강북구 미아동[미아동] 189번지 6호 1층	02-989-9987
강서방문요양센터	서울시 강서구 방화제1동[방화동] 567번지 4호 B06호	02-2661-4594
해늘	서울시 강서구 등촌제3동[등촌동] 705번지 6호 1101동 104호	02-2668-4007
그린케어광진노인복지센터	서울시 광진구 구의제1동[구의동] 252번지 11호 성지하이츠 608호	02-447-6290
㈜나눔돌봄센터	서울시 구로구 구로제2동[구로동] 414번지 20호 2층	02-856-0517
서울특별시간호사회 부설 재가장기요양센터	서울시 구로구 구로제5동[구로동] 44번지 11호	02-1577-0590
보람노인장기요양센터	서울시 금천구 시흥제5동[시흥동] 245번지 16호	02-809-5004
㈜돌봄과 간호	서울시 도봉구 창제4동[창동] 5번지 1호	02-934-3651

장기요양기관명	주소	전화번호
물리치료사와 함께하는 하누리케어	서울시 도봉구 쌍문제2동[쌍문동] 31번지 42호	02-1599-7712
성심케어센터	서울시 도봉구 도봉제2동[도봉동] 30번지 1호 한신쇼핑타운 221호	02-954-7025
싱싱섬김이노인복지센터	서울시 도봉구 도봉제2동[도봉동] 636번지 20호	02-906-0599
참좋은 재가노인복지센터	서울시 도봉구 쌍문제2동[쌍문동] 714번지 30호	02-908-9056
희망	서울시 도봉구 방학제2동[방학동] 636번지 성삼슈퍼 2층	02-954-7290
장안종합사회복지관 재가장기요양센터	서울시 동대문구 장안제1동[장안동] 395번지 2호 장안종합사회복지관	02-2242-7564
동광노인복지센터	서울시 동작구 상도제4동[상도동] 242번지 71호	02-823-1004
마포노인복지센터	서울시 마포구 공덕동[공덕동] 17번지 60호	02-365-7775
어르신이행복한세상	서울시 마포구 서교동[서교동] 377번지 3호 202호	02-334-4030
KTCS 방문요양 마포센터	서울시 마포구 망원제1동[망원동] 386번지 2호 양경회관 2층	02-325-5507
효림데이케어센터	서울시 서대문구 충현동[충정로3가] 1번지 38호	02-313-5124
사랑의홈케어	서울시 서초구 서초3동[서초동] 1302번지 1호 서초오피스텔 제4층 407호	02-814-5963
새생명노인복지센터	서울시 서초구 방배1동[방배동] 451번지 11호 미사봉 빌딩 401호	02-585-1976
서초노인주간보호센터	서울시 서초구 내곡동[신원동] 446번지	02-578-1515
성동구장기요양 노인복지센터	서울시 성동구 왕십리도선동[도선동] 69번지 삼성쉐르빌상가 108호	02-2612-9000
어르신이행복한세상	서울시 성북구 안암동[안암동3가] 132번지 4호 에스엠오피스텔 B202호	02-922-4030
은빛사랑 장기요양 복지센터	서울시 성북구 정릉제4동[정릉동] 284번지 16호 2층	02-909-2632
효사랑재가복지센터	서울시 성북구 삼선동[삼선동4가] 340번지 8통 4반 동진B/D 203호	02-925-1232

장기요양기관명	주소	전화번호
그린리버노인복지센터	서울시 송파구 마천2동[마천동] 51번지 6호 4층	02-406-2688
메디재가노인센터	서울시 송파구 송파1동[송파동] 95번지 201호	02-421-9877
어르신이행복한세상	서울시 송파구 가락1동[가락동] 479번지 시영아파트 나상가 106호	02-3012-1650
코리아헤드송파방문요양	서울시 송파구 문정1동[문정동] 26번지 5호	02-403-7029
한빛사회복지관부설 행복품앗이 사업단	서울시 양천구 신월4동[신월동] 540번지 1호 5층	02-2690-8762
(한울복지재단부설) 사랑나눔요양센터	서울시 영등포구 신길제7동[신길동] 480번지	02-843-1378
구립영등포노인복지센터	서울시 영등포구 양평제1동[양평동3가] 36번지	02-2631-3212
구립영등포실버케어센터	서울시 영등포구 신길제4동[신길동] 242번지 7호	02-846-3960
어르신이행복한세상	서울시 영등포구 대림제1동[대림동] 916번지 16호	02-831-2215
강안홈케어센터	서울시 은평구 구산동[구산동] 199번지 21호 102호	02-357-6599
행복창조노인복지센터	서울시 은평구 응암제3동[응암동] 125번지 10호	02-382-1443
서울대학교간호대학가정간호 · 재가노인요양간호센터	서울시 종로구 이화동[연건동] 28번지 서울대학교간호대학 구관209호	02-765-2261
청운실버센터	서울시 종로구 청운효자동[청운동] 89번지 12호	02-730-4966
면목재가노인복지센터	서울시 중랑구 면목본동[면목동] 1382번지 면목사회복지관	02-436-0148
물리치료와누리예케어	서울시 중랑구 면목제4동[면목동] 72번지 22호	02-1599-7713
여명재가장기요양기관	서울시 중랑구 묵제1동[묵동] 121번지 136호 3층	02-976-2809
중랑유린노인보호센터	서울시 중랑구 신내1동[신내동] 572번지 2호	02-438-4093
참좋은 재가노인복지센터	서울시 도봉구 쌍문제2동[쌍문동] 714번지 30호	02-908-9056

부산

장기요양기관명	주소	전화번호
강서구방문요양센터	부산시 강서구 대저1동[대저1동] 1549번지 1호	051-972-4594
기장군노인복지회관 재가복지센터	부산시 기장군 기장읍[기장읍] 대라리 186번지 8호	051-724-3443
참사랑	부산시 기장군 기장읍[기장읍] 청강리 255번지 청강상가 207호	051-724-7737
용호재가 노인지원서비스센터	부산시 남구 용호제3동[용호동] 36번지 7호	051-628-6737
자성대노인복지센터	부산시 동구 범일제2동[범일동] 825번지 88호 14통 2반	051-632-7597
효자손노인복지센터	부산시 동구 수정제1동[수정동] 1011번지 886호 7통 4반 동구노인복지관	051-467-7887
동래재가노인복지센터	부산시 동래구 수민동[수안동] 421번지 46호	051-944-3400
개금재가노인지원 서비스센터	부산시 부산진구 개금제3동[개금동] 1번지 1호 31통 1반 개금종합사회복지관 내	051-893-5034
미소노인복지센터	부산시 부산진구 가야제3동[가야동] 355번지 33호 11통 4반	051-892-7787
정암재가노인복지센터	부산시 부산진구 양정제2동[양정동] 260번지 1호 5통 2반	051-868-3511
대한방문요양복지용구센터	부산시 북구 만덕제3동[만덕동] 909번지 14호 1층	051-342-1533
로뎀재가노인지원센터	부산시 북구 덕천제2동[덕천동] 452번지 3호	051-338-9117
부산북구지역자활센터	부산시 북구 덕천제1동[덕천동] 389번지 1호 광명빌딩 4층	051-341-9841
부모사랑재가복지센터	부산시 사상구 모라제1동[모라동] 1323번지 16호 2층	051-322-8945
조은만남재가노인요양센터	부산시 사상구 학장동[학장동] 322번지 1호	051-316-0038
학장종합사회복지관부설 가정봉사원파견센터	부산시 사상구 학장동[학장동] 168번지 7호	051-311-4017
두송노인복지센터	부산시 사하구 다대제2동[다대동] 96번지 1호	051-261-0958
큰사랑노인복지센터	부산시 수영구 망미제1동[망미동] 937번지 29호 만주골든빌 A-302호	051-757-9971
동삼장기요양기관	부산시 영도구 동삼제3동[동삼동] 1121번지	051-405-2133

장기요양기관명	주소	전화번호
상리노인복지센터	부산시 영도구 동삼제3동[동삼동] 1123번지 동삼주공아파트2단지 내	051-404-4003
영도구노인복지센터	부산시 영도구 신선동[신선동3가] 112번지 127호	051-413-4661
와치노인복지센터	부산시 영도구 동삼제1동[동삼동] 510번지 9호	051-403-4200
봉생중구노인복지센터	부산시 중구 대청동[대청동4가] 82번지 7호	051-464-9880
(I)아이케어서비스 해운대복지센터	부산시 해운대구 우제1동[우동] 828번지 8호 (동백역 2번출구 50m)	051-746-5588

대구

장기요양기관명	주소	전화번호
햇빛노인복지센터	대구시 남구 이천동[이천동] 532번지 7호 3층	053-474-9748
달서구노인복지센터	대구시 달서구 본동[본동] 804번지 2호	053-634-8310
월성노인복지센터	대구시 달서구 월성2동[월성동] 273번지	053-636-7300
㈜대구케어 25달서센터점	대구시 달서구 죽전동[죽전동] 273번지 3호	053-551-0361
다사랑재가장기요양기관	대구시 동구 신암2동[신암동] 1292번지 5호	053-954-2357
대구종합노인복지센터	대구시 동구 안심3,4동[서호동] 89번지 1호	053-964-3111
신안노인복지센터	대구시 동구 공산동[신무동] 656번지 1호	053-985-9937
실버케어센터	대구시 북구 태전1동[태전동] 370번지 1호	053-314-0810
아름다운노인복지센터	대구시 동구 안심1동[신기동] 178번지 3호	053-963-9114
엘림재가장기요양센터	대구시 동구 신암5동[신암동] 106번지 35호	053-942-1119
진명 해피케어(안심센터)	대구시 동구 안심3,4동[괴전동] 161번지 2호	053-962-8848
진명노인복지센터	대구시 동구 신암5동[신암동] 1544번지 1호	053-939-8888
푸른노인복지센터	대구시 동구 안심1동[율하동] 1444번지	053-964-0100

장기요양기관명	주소	전화번호
한마음케어	대구시 동구 신암3동[신암동] 184번지 35호 동양맨션 상가 8호	053-951-9515
해피케어 신천센터	대구시 동구 신천1,2동[신천동] 740번지 1호	053-944-8848
효사랑요양복지센터	대구시 동구 방촌동[방촌동] 857번지 38호	053-985-9978
가나안노인복지센터	대구시 북구 태전동[태전동] 1064번지 2호	053-322-2660
가정북구노인복지센터	대구시 북구 산격3동[산격동] 1304번지 1호	053-959-8310
누리노인복지센터	대구시 북구 칠성동[칠성동2가] 71번지 8호	053-353-0388
어르신이행복한세상 북부센터	대구시 북구 칠성동[칠성동1가] 144번지 1호	053-256-2733
보은노인복지센터	대구시 서구 비산2,3동[비산동] 116번지 3호	053-521-0740
정다운노인복지센터	대구시 서구 원대동[원대동3가] 1221번지 6호	053-358-9995
㈜대구케어25수정센터점	대구시 수성구 수성1가동[수성동1가] 42번지 3호 2층	053-763-0361
대구시지노인병원 노인복지센터	대구시 수성구 고산1동[욱수동] 227번지 18호	053-794-8090
범어노인복지센터	대구시 수성구 범어2동[범어동] 146번지 12호	053-742-2220
온정노인복지센터	대구시 수성구 고산2동[시지동] 502번지 5호	053-795-1477
진명해피케어복지센터	대구시 수성구 수성2,3가동[수성동2가] 58번지 3호	053-744-8847
하담노인복지센터	대구시 수성구 지산1동[지산동] 1278번지 2호	053-784-7338
화성소규모복지센터	대구시 수성구 상동[상동] 576번지 6호	053-767-1189
삼덕노인복지센터	대구시 중구 삼덕동[삼덕동2가] 149번지 12호	053-423-3279

인천

장기요양기관명	주소	전화번호
강화정다운요양센터	인천시 강화군 강화읍[강화읍] 남산리 213번지 2호	032-934-1189
사랑재가요양센터	인천시 강화군 선원면[선원면] 창리 619번지 세광2차아파트 202동 703호	032-932-3117
미추홀노인복지센터	인천시 남구 주안5동[주안동] 22번지 59호	032-876-8182
산성노인복지센터	인천시 남구 숭의4동[숭의동] 60번지 34호 2층	032-883-3380
어르신이 행복한 세상	인천시 남구 숭의4동[숭의동] 284번지 8호	032-889-1201
장수재가복지센터	인천시 남동구 간석3동[간석동] 914번지 4호	032-421-0094
부평노인복지센터	인천시 부평구 십정2동[십정동] 583번지 2호 2층	032-433-6151
연세노인복지센터	인천시 부평구 부개2동[부개동] 98번지 19호	032-504-1002
서구재가노인지원 서비스센터	인천시 서구 석남3동[석남동] 484번지	032-582-4071
성모가정노인복지센터	인천시 서구 연희동[연희동] 686번지 4호 계정빌딩 401호	032-569-6797

광주

장기요양기관명	주소	전화번호
광주간호사회복지센터	광주시 광산구 어룡동[소촌동] 510번지 4호 6통 5반	062-943-3217
아름다운노인복지센터	광주시 광산구 첨단2동[월계동] 879번지 5호	062-973-7108
참사랑노인복지센터	광주시 광산구 어룡동[소촌동] 7번지 2호	062-944-5680
호연노인복지센터	광주시 광산구 삼도동[도덕동] 361번지 16호	062-943-3004
광주공원노인복지센터	광주시 남구 사직동[구동] 16번지 48호	062-671-3370
전사랑힐링노인복지센터	광주시 남구 사직동[서동] 66번지 1호	062-671-6699
죽산노인복지센터	광주시 남구 주월1동[주월동] 1255번지 11호	062-653-7159
한희노인복지센터	광주시 남구 대촌동[월성동] 189번지 2호	062-374-8828
효사랑주월의집 노인복지센터	광주시 남구 주월2동[주월동] 715번지	062-351-8700
꽃메요양원	광주시 동구 지원2동[용산동] 464번지	062-224-5454
대해노인복지센터	광주시 동구 지원1동[소태동] 532번지 88호	062-234-2213
아가페실버센터	광주시 동구 동명동[동명동] 154번지 27호	062-232-4959
조선대학교노인복지센터	광주시 동구 서남동[서석동] 375번지 조선대학교 노인복지센터	062-220-2650
C.C.C.동구노인복지센터	광주시 동구 동명동[동명동] 154번지 170호	062-232-4950
등불재가복지센터	광주시 북구 신안동[신안동] 789번지 7호	062-527-8578
한사랑노인복지센터	광주시 북구 중흥2동[중흥동] 348번지 14호	062-521-5212
한울노인복지센터	광주시 북구 운암2동[운암동] 94번지 2호	062-512-3599
가족사랑서구 재가장기요양기관	광주시 서구 상무1동[쌍촌동] 948번지 3호 2층	062-368-2064
금호원광노인복지센터	광주시 서구 금호1동[금호동] 743번지 3호	062-376-3017
베데스다소규모요양시설	광주시 서구 서창동[매월동] 623번지	062-373-4351
소망노인복지센터	광주시 서구 화정3동[화정동] 849번지 18호	062-374-0088
은빛노인복지센터	광주시 서구 풍암동[풍암동] 972번지 7호 28통 4반	062-671-5004
품앗이노인복지센터	광주시 서구 화정3동[화정동] 856번지 17호 3층	062-371-8888
한울노인복지센터	광주시 서구 상무1동[쌍촌동] 212번지 1호 4통 1반	062-385-9097

대전

장기요양기관명	주소	전화번호
노인장기요양기관 시니어클럽	대전시 대덕구 오정동[오정동] 449번지 16호 2층	042-628-8296
대전재가요양방문센터	대전시 대덕구 중리동[중리동] 409번지 4호 4층	042-626-1222
샬롬재가요양복지센터	대전시 대덕구 회덕동[와동] 현대아파트 103동 304호	042-627-7745
선우노인복지센터	대전시 동구 효동[가오동] 87번지 1호	042-273-0045
늘편한방문요양센터	대전시 서구 둔산2동[둔산동] 1293번지 케이티 그랜드 뷰 1304호	042-472-0506
대전은혜노인복지센터	대전시 서구 가수원동[가수원동] 656번지 36호	042-586-8029
서구노인복지관 재가노인 지원센터 노인복지센터	대전시 서구 탄방동[탄방동] 1084번지	042-488-6297
유앤아이 너싱홈	대전시 서구 복수동[복수동] 821번지	070-7743-8897
육연노인복지센터	대전시 서구 용문동[용문동] 224번지 10호	042-535-5050
인제노인복지센터	대전시 서구 정림동[정림동] 496번지 (3층)	042-585-2082
해피엘노인복지센터	대전시 서구 도마2동[도마동] 70번지 64호	042-522-0006
나이팅게일 재가노인복지센터	대전시 유성구 구즉동[관평동] 774번지 5호	042-822-7622
사나섬세노인복지센터	대전시 유성구 노은1동[지족동] 902번지 3호 조현프라자 4층	042-822-7616
송강사회복지관부설 재가장기요양기관	대전시 유성구 구즉동[송강동] 10번지 상가동 2층	042-934-6338
유성노인복지센터	대전시 유성구 온천2동[장대동] 268번지 3호 2층	042-824-2430
행복충전 유성재가 장기요양센터	대전시 유성구 온천1동[구암동] 606번지 11호	042-824-0229
그린케어대전중구 노인복지센터	대전시 중구 오류동[오류동] 154번지 4호 센트리아오피스텔 1109동	042-538-2040
기아대책노인복지센터	대전시 중구 은행선화동[선화동] 193번지 17호	042-254-0841

장기요양기관명	주소	전화번호
나이팅게일 재가장기요양센터	대전시 중구 용두동[용두동] 12번지 7호	042-254-6362
대전YWCA 재가장기요양기관	대전시 중구 대흥동[대흥동] 445번지 1호	042-252-7333
사랑방문요양센터	대전시 중구 용두동[용두동] 53번지 112호	042-242-9090
새희망복지센터	대전시 중구 산성동[산성동] 136번지 3호	042-586-4501
천사복지센터	대전시 중구 산성동[사정동] 489번지 2호 303호	042-585-9088

경기

장기요양기관명	주소	전화번호
고양노인복지센터	경기도 고양시 덕양구 행주동[토당동] 283번지 1호	031-970-0360
그린힐홈케어	경기도 광주시 송정동[탄벌동] 598번지 1호	031-798-8663
구리참사랑노인복지센터	경기도 구리시 교문1동[교문동] 328번지 62호	031-564-6601
(I)아이케어서비스 군포실버센터	경기도 군포시 광정동[산본동] 1130번지 3호 백운빌딩 4층 401-B호	031-391-9356
성민재가노인복지센터	경기도 군포시 금정동[금정동] 870번지 10호 2층	031-397-2020
김포시노인복지센터	경기도 김포시 사우동[사우동] 865번지	031-996-3925
에덴노인재가복지센터	경기도 남양주시 평내동[평내동] 205번지 1호 3층	031-592-4578
은빛사랑재가 장기요양센터	경기도 남양주시 별내면[별내면] 청학리 418번지 청학츠파빌 219호	031-841-9640
엔젤재가노인복지센터	경기도 부천시 오정구 고강본동[고강동] 345번지 19호 덕수빌딩 3층	032-683-6004
경인노인복지센터	경기도 부천시 원미구 중동[중동] 587번지 3호 동성빌딩5층	032-326-6080
삼광가정봉사원파견센터	경기도 부천시 원미구 상동[상동] 320번지 1호 3층 303호	032-653-4091
한빛방문요양센터	경기도 부천시 원미구 중3동[중동] 3번지 75호 5층 504호	032-671-6715
성남서로사랑노인복지센터	경기도 성남시 중원구 중동[중동] 1539번지	031-744-9544
성심재가장기요양기관	경기도 성남시 중원구 은행2동[은행동] 1342번지	031-747-9700
버드내재가노인복지센터	경기도 수원시 권선구 세류3동[세류동] 483번지 1호 19통 3반	031-898-6544
서호재가노인복지센터	경기도 수원시 권선구 구운동[구운동] 501번지 10통 2반 서호노인복지관	031-291-0911
수원YWCA소규모요양시설	경기도 수원시 장안구 정자2동[정자동] 889번지 2호 40통 3반	031-252-5125
효경의손길 가정봉사원파견센터	경기도 수원시 장안구 연무동[연무동] 256번지 2호	031-251-0090
(A)한의사랑보살핌	경기도 안산시 단원구 선부2동[선부동] 1024번지 3호	031-485-1075
경기안산 케어119 재가장기요양기관	경기도 안산시 상록구 이동[이동] 715번지 4호 센터프라자 308호	031-475-4833

장기요양기관명	주소	전화번호
단원구노인복지관부설올리사랑장기요양센터	경기도 안산시 단원구 선부1동[선부동] 1077번지 9호	031-405-1188
안산시초지종합사회복지관부설 초지장기요양센터	경기도 안산시 단원구 초지동[초지동] 604번지 3호	031-410-2151
안산의료생협 재가장기요양센터	경기도 안산시 상록구 월피동[월피동] 445번지 18호 로얄프라자 306,307호	031-486-8332
파라밀노인복지센터	경기도 안성시 죽산면[죽산면] 장능리 782번지 4호	031-677-3477
동부케어안양노인복지센터	경기도 안양시 동안구 평촌동[평촌동] 41번지 27호 2층 202호	031-426-1090
동부케어안양노인복지센터	경기도 안양시 동안구 관양1동[관양동] 1450-1번지	031-425-6828
아름다운사람들재가 장기요양센터	경기도 안양시 동안구 달안동[비산동] 1115번지 신안 메트로칸 435호	031-386-8094
신륵노인복지센터	경기도 여주군 여주읍[여주읍] 천송리 298번지 5호	031-885-5275
용인재가노인지원서비스센터 효담채	경기도 용인시 기흥구 보정동[보정동] 1261번지 3호 한솔프라자 7층	031-898-1425
이동농협노인복지센터	경기도 용인시 처인구 이동면[이동면] 천리 231번지 5호	031-336-4418
인보노인복지센터	경기도 용인시 처인구 포곡읍[포곡읍] 삼계리 319번지 7호	031-339-9146
홍박약손노인복지센터	경기도 용인시 기흥구 상갈동[상갈동] 119번지	031-282-3609
현대장기요양재가센터	경기도 의왕시 내손2동[내손동] 710번지 2호	031-424-3663
나눔의샘 소규모요양시설 방문요양서비스	경기도 의정부시 신곡2동[신곡동] 785번지 9호	031-851-5695
현대재가복지센터	경기도 이천시 증포동[송정동] 193번지	031-638-5121
효자시니어복지센터	경기도 이천시 관고동[관고동] 66번지 3호	031-632-5878
㈜효도나라노인복지센터	경기도 파주시 금촌2동[금촌동] 235번지 1호 주공프라자 202호	031-8071-2265
송탄중앙노인복지센터	경기도 평택시 송북동[독곡동] 358번지	031-662-3082
동부케어	경기도 평택시 통복동[통복동] 112번지 9호	031-657-7650
희망방문센터	강원도 홍천군 서석면[서석면] 풍암리 486번지 1호	033-433-7711
강원화천지역자활센터 부설 화천재가장기요양기관	강원도 화천군 화천읍[화천읍] 상리 51번지 1호	033-442-0400

강원

장기요양기관명	주소	전화번호
갈바리노인복지센터	강원도 강릉시 홍제동[홍제동] 5번지 2호	033-644-3477
강남노인복지센터	강원도 강릉시 강동면[강동면] 안인리 818번지	033-643-5689
강릉방문간호센터	강원도 강릉시 중앙동[용강동] 29번지 서부시장 상가 220	033-641-1236
동해시노인종합복지관 복지센터	강원도 동해시 천곡동[천곡동] 84번지 14호	033-535-7557
반야노인복지센터	강원도 속초시 노학동[노학동] 455번지 16호	033-635-2290
속초노인복지센터	강원도 속초시 조양동[조양동] 1499번지 부영아파트3단지 주상가 3층	033-631-0758
디모테오꿈마을 소규모요양원	강원도 양양군 양양읍[양양읍] 화일리 123번지 2반	033-673-0933
현산소규모요양원	강원도 양양군 양양읍[양양읍] 서문리 316번지 1호 1통 3반 서문5길	033-672-8898
명륜재가노인복지센터	강원도 원주시 명륜2동[명륜동] 705번지	033-762-1999
문막노인복지센터	강원도 원주시 문막읍[문막읍] 반계리 1022번지 2호	033-733-0020
사랑나눔 재가복지센터	강원도 원주시 단구동[단구동] 1458번지 21호	033-766-7507
원주가톨릭노인복지센터	강원도 원주시 봉산동[봉산동] 950번지	033-744-6618
(I)아이케어서비스 춘천노인복지센터	강원도 춘천시 석사동[석사동] 642번지 1호	033-262-8553
온누리간호요양센터	강원도 춘천시 효자3동[효자동] 751번지 14호	033-242-7451
주식회사희망복지센터	강원도 춘천시 후평1동[후평동] 224번지 2호	033-252-6091
춘천나눔돌봄센터	강원도 춘천시 약사명동[중앙로3가] 67번지 1호	033-253-4575
춘천효자종합사회복지관부설춘천효자노인복지센터	강원도 춘천시 효자2동[효자동] 333번지	033-261-1790
한마음노인복지센터	강원도 춘천시 근화동[소양로1가] 102번지 20호	033-243-9779
명서한의원 부설 재가장기요양센터	강원도 홍천군 홍천읍[홍천읍] 희망리 329번지 12호	033-435-8382
희망방문센터	강원도 홍천군 서석면[서석면] 풍암리 486번지 1호	033-433-7711
강원화천지역자활센터 부설 화천재가장기요양기관	강원도 화천군 화천읍[화천읍] 상리 51번지 1호	033-442-0400

충북

장기요양기관명	주소	전화번호
옥천노인복지센터	충북 옥천군 옥천읍[옥천동] 삼양리 161번지 1호	043-733-2500
은빛방문요양센터	충북 옥천군 이원면[이원면] 강청리 50번지 1호	043-733-3951
대원대학산학협력단	충북 제천시 용두동[신월동] 599번지 대원과학대학	043-649-3636
씨튼노인복지센터	충북 제천시 용두동[하소동] 345번지	043-644-2984
제천사회서비스센터	충북 제천시 인성동[명동] 234번지	043-648-2984
(주)휴먼케어	충북 청원군 오창읍[오창읍] 창리 9번지 20호	043-212-9194
강외노인복지센터	충북 청원군 강외면[강외면] 오송리 51번지 20호	043-238-7733
청원노인복지센터	충북 청주시 상당구 용암2동[지북동] 141번지	043-288-3060
청주노인복지센터	충북 청주시 상당구 중앙동[수동] 138번지 8호	043-259-3333
기독교복지재가 장기요양기관	충북 청주시 흥덕구 봉명1동[봉명동] 1070-2 한가람빌 A동 202호	043-259-2005
산남노인복지센터	충북 청주시 흥덕구 수곡1동[수곡동] 335번지	043-288-1435
아름다운재가 장기요양기관	충북 청주시 흥덕구 봉명1동[봉명동] 896번지 한금빌딩 7층	043-268-5004
우암소규모노인종합센터	충북 청주시 흥덕구 강서제2동[원평동] 108번지 1호	043-215-2496
현양노인복지센터	충북 청주시 흥덕구 운천.신봉동[신봉동] 26번지 6호	043-266-0957
다원노인복지센터	충북 충주시 호암.직동[호암동] 891번지 17호	043-851-7373
충주카리타스 노인복지센터	충북 충주시 교현2동[교현동] 640번지 2호	043-848-0801
효성노인복지센터	충북 충주시 성내.충인동[성남동] 175번지	043-847-4300

충남

장기요양기관명	주소	전화번호
금산지역돌봄서비스센터	충남 금산군 금산읍[금산읍] 상리 31번지 7호	041-752-3554
죽림노인복지센터	충남 논산시 연무읍[연무읍] 황화정리 353번지 12호	041-742-4524
보령노인복지센터	충남 보령시 대천1동[죽정동] 703번지 1호 4통 1반	041-931-7680
보령돌봄복지센터	충남 보령시 대천3동[동대동] 1614번지	041-936-8509
부여지역자활센터부설 돌봄사회서비스센터	충남 부여군 부여읍[부여읍] 가탑리 402번지 13호	041-832-0810
석성노인복지센터	충남 부여군 석성면[석성면] 증산리 1286번지 21호	041-836-1032
부석방문요양센터	충남 서산시 부석면[부석면] 강당리 301번지	041-662-2280
효자방문요양센터	충남 서산시 성연면[성연면] 오사리 364번지	041-663-7010
섬김노인복지센터	충남 천안시 서북구 부성동[신당동] 539번지 4호 2층	041-585-3435
현대아이케어서비스서천 실버센터	충남 서천군 서천읍[서천읍] 군사리 181번지 1호	041-953-7667
둥지방문요양센터	충남 예산군 신양면[신양면] 가지리 254번지	041-331-1477
예산군 노인종합복지관 부설 재가노인복지센터	충남 예산군 예산읍[예산읍] 발연리 85번지 5호	041-334-2901
그린케어천안노인복지센터	충남 천안시 서북구 성정1동[성정동] 702번지 11호	041-592-3881
느티나무노인복지센터	충남 천안시 동남구 원성2동[원성동] 559번지 20호 삼륙빌딩 4,5층	041-523-7995
사랑나눔복지센터	충남 천안시 서북구 성거읍[성거읍] 저리 57번지 32호	041-622-7871
쌍용종합사회복지관	충남 천안시 쌍용3동[쌍용동] 1284번지	041-571-4064
천안시노인종합복지관 부설 천안노인복지센터	충남 천안시 서북구 쌍용1동[쌍용동] 1038번지	041-571-0286
천안시아우내은빛복지관 부설 아우내노인복지센터	충남 천안시 동남구 병천면[병천면] 병천리 120번지 3호	041-556-6606
이요양센터	충남 천안시 동남구 봉명동[봉명동] 40번지 44호 1층	041-579-6501
정산노인복지센터	충남 청양군 정산면[정산면] 천장리 산3번지 8호	041-942-0777
그린케어태안 노인복지센터	충남 태안군 태안읍[태안읍] 남문리 95번지 9호 정일빌딩 105호	041-675-6512
광천재가요양센터	충남 홍성군 광천읍[광천읍] 신진리 425번지 10호	041-641-5154
청로노인복지센터	충남 홍성군 홍성읍[홍성읍] 고암리 965번지	041-631-3959
한마음재가장기요양기관	충남 홍성군 광천읍[광천읍] 매현리 358번지 2호	041-641-7884

전북

장기요양기관명	주소	전화번호
고창원광노인복지센터	전북 고창군 고창읍[고창읍] 읍내리 213번지 12호	063-562-3882
황토나라의료기복지센터	전북 군산시 수송동[지곡동] 524번지 1호	063-463-9200
김제노인복지센터	전북 김제시 백산면[백산면] 상리 204번지	063-548-7005
김제자활장기요양센터	전북 김제시 요촌동[요촌동] 105번지 1호	063-547-9003
인월노인복지센터	전북 남원시 인월면[인월면] 인월리 72번지 2호	063-636-0035
섬김재가장기요양기관	전북 부안군 계화면[계화면] 창북리 457번지 8호	063-584-9005
순창노인복지센터	전북 순창군 순창읍[순창읍] 순화리 232번지 1호	063-652-1236
용진노인복지센터	전북 완주군 용진면[용진면] 상운리 149번지 11호	063-243-9111
이서노인복지센터	전북 완주군 이서면[이서면] 상개리 556번지 1호	063-222-9163
새소망노인복지센터	전북 익산시 동산동[금강동] 1008번지 12호	063-852-1794
아리랑복지센터	전북 전주시 덕진구 금암1동[금암동] 482번지 14호 영진빌딩 6층	063-252-9901
우리노인복지센터	전북 전주시 덕진구 진북동[진북동] 1124번지 125호	063-255-7179
전주노인복지센터	전북 전주시 덕진구 인후2동[인후동2가] 1555번지 4호	063-246-1366
천사재가복지센터	전북 전주시 덕진구 금암1동[금암동] 611번지 파크빌 207호	063-277-6004
노인사랑노인복지센터	전북 전주시 완산구 동서학동[동서학동] 840번지 7호	063-226-9723
성예노인복지센터	전북 전주시 완산구 삼천3동[삼천동3가] 774번지 15호	063-221-1312
엠마오노인복지센터	전북 전주시 완산구 서서학동[서서학동] 152번지 3호	063-231-5333
이양재 노인종합센터	전북 전주시 완산구 서서학동[서서학동] 244번지 3호	063-282-2277
전주중앙노인복지센터	전북 전주시 완산구 풍남동[경원동2가] 29번지 2호	063-283-1330
효경노인복지센터	전북 전주시 완산구 삼천2동[삼천동1가] 640번지 5호	063-227-1360

전남

장기요양기관명	주소	전화번호
참빛종합재가복지센터	전남 고흥군 고흥읍[고흥읍] 행정리 647번지 1호	061-834-0401
한우리노인복지센터	전남 여수시 쌍봉동[안산동] 730번지 11호	061-684-5247
심청노인복지센터	전남 곡성군 옥과면[옥과면] 주산리 179번지 1호	061-362-3484
광양노인장기요양센터	전남 광양시 광양읍[광양읍] 칠성리 436번지 5호 4층	061-763-9890
광양칠성노인요양원	전남 광양시 광양읍[광양읍] 칠성리 937번지 5호	061-762-6790
도울노인복지센터	전남 나주시 남평읍[남평읍] 남평리 23번지 11호	061-331-9949
다사랑 재가노인복지센터	전남 목포시 연산동[산정동] 1385번지 1호	061-276-4445
성모재가노인복지원	전남 목포시 유달동[경동2가] 5번지 6호	061-244-1254
카리타스재가노인복지센터	전남 목포시 산정동[산정동] 1749번지	061-272-2006
새순천노인복지센터	전남 순천시 해룡면[해룡면] 부영 9차 아파트 상가 203호	061-723-0585
순천남산복지센터	전남 순천시 도사동[덕월동] 10번지 65호	061-741-1501
순천조례노인복지센터	전남 순천시 왕조1동[조례동] 신월큰길52	061-722-1368
은택노인복지센터	전남 순천시 왕조1동[조례동] 923번지 1호	061-723-9669
좋은이웃노인복지센터	전남 순천시 풍덕동[풍덕동] 886번지 5호	061-811-0119
하늘노인복지센터	전남 순천시 황전면[황전면] 괴목리 99번지 11호	061-754-7988
쌍봉노인복지센터	전남 여수시 여천동[선원동] 1256번지 남양아파트1단지 상가2층3호	061-684-1141
우리마을노인복지센터	전남 영암군 삼호읍[삼호읍] 용당리 995번지 15호	061-462-1692
정우재가노인복지센터	전남 영암군 서호면[서호면] 몽해리 342번지	061-472-0303
예담노인복지센터	전남 장성군 장성읍[장성읍] 영천리 1459번지 119호	061-394-8887
프란치스꼬의집 노인복지센터	전남 장성군 진원면[진원면] 선적리 170번지 1호	061-390-9660
대덕재가노인복지센터	전남 장흥군 대덕읍[대덕읍] 신월리	061-867-7200
천관재가노인복지센터	전남 장흥군 관산읍[관산읍] 옥당리 454번지 8호	061-867-8673
함평원광노인복지센터	전남 함평군 함평읍[함평읍] 내교리 322번지	061-322-2804
영산노인복지센터	전남 화순군 춘양면[춘양면] 우봉리 495번지 1호	061-373-6406
화순노인복지센터	전남 화순군 화순읍[화순읍] 서태리 479번지 6호	061-374-0034
화순효사랑노인복지센터	전남 화순군 화순읍[화순읍] 교리 101번지 3호	061-373-8865

경북

장기요양기관명	주소	전화번호
부모사랑재가장기요양기관	경북 경산시 서부1동[사정동] 20번지 5호	053-814-5588
효자손재가장기요양기관	경북 경산시 서부2동[중산동] 569번지 4호	053-814-1400
가경장기요양기관	경북 경주시 황오동[성동동] 127번지 1호 2층	054-773-5002
경주노인복지센터	경북 경주시 동천동[동천동] 795번지 1호	054-742-9042
서라벌노인방문센터	경북 경주시 선도동[충효동] 2942번지 대우2차아파트 상가 105호	054-742-7707
좋은사람들복지센터	경북 고령군 고령읍[고령읍] 고아리 2번지 2호	054-954-6800
구미간호사의집	경북 구미시 고아읍[고아읍] 문성리 1371번지	054-452-6565
김천노인복지센터	경북 김천시 평화동[평화동] 317번지 1호	054-439-0162
예천재가노인지원센터	경북 예천군 예천읍[예천읍] 서본리 240번지	054-654-5222
금성노인요양센터	경북 의성군 금성면[금성면] 산운리 663번지 4호	054-833-9800
굿모닝100세노인요양센터	경북 포항시 남구 상대동[대도동] 450번지	054-272-3838
포항와이재가복지센터	경북 포항시 남구 송도동[송도동] 485번지 22호	054-272-9951
나눔과돌봄사회서비스지원센터	경북 포항시 북구 죽도동[죽도동] 95번지 2호	054-275-6430
동국 방문요양센터	경북 포항시 북구 죽도2동[죽도동] 701번지 3호	054-273-5388
포항어르신재가장기요양센터	경북 포항시 북구 환여동[환호동] 375번지 6호	054-275-3681
포항재가복지센터	경북 포항시 북구 용흥동[용흥동] 96번지 14호	054-253-5070
효도재가복지센터	경북 포항시 북구 환여동[환호동] 491번지 4호	054-254-1472
효심가정방문요양센터	경북 포항시 북구 흥해읍[흥해읍] 남성리 331번지 3호	054-262-6678

경남

장기요양기관명	주소	전화번호
고성지역자활센터 부설 돌봄재가장기요양기관	경남 고성군 고성읍[고성읍] 동외리 230번지 2호 고성군종합복지관층	055-674-6002
조은노인복지센터	경남 김해시 진영읍[진영읍] 내룡리 124번지 7호	055-343-5265
효능원노인복지센터	경남 김해시 진영읍[진영읍] 내룡리 115번지	055-343-7900
사회적돌봄센터	경남 사천시 사천읍[사천읍] 사주리 154번지 2호	055-852-9422
하늘마음노인복지센터	경남 진주시 문산읍[문산읍] 삼곡리 191번지	055-763-2553
진해시노인복지센터	경남 창원시 진해구 풍호동[풍호동] 11번지	055-540-0156
한양노인복지센터	경남 창원시 진해구 덕산동[풍호동] 773번지 6호	055-545-0107
도남사회복지관 (통영노인복지센터)	경남 통영시 봉평동[도남동] 483번지 2호	055-645-0645
함안돌봄지원센터	경남 함안군 가야읍[가야읍] 도항리 249번지 1호 함안공설운동장 220호	055-584-0456

제주

장기요양기관명	주소	전화번호
서귀원광노인복지센터	제주특별자치도 서귀포시 서홍동 [서홍동] 1740번지 4호	064-763-2456
서귀포일터나눔지역자활센터	제주특별자치도 서귀포시 대륜동 [호근동] 1579번지 1호	064-738-8219
성산원광소규모요양원	제주특별자치도 서귀포시 성산읍 [성산읍] 고성리 1090번지 6호	064-784-2999
제주사랑 재가장기요양기관	제주특별자치도 서귀포시 대정읍 [대정읍] 하모리 919번지 4호	064-762-1514
동제주노인복지센터	제주특별자치도 제주시 구좌읍[구좌읍] 평대리 409번지 2호	064-782-8353
성안노인복지센터	제주특별자치도 제주시 아라동 [아라일동] 2349번지 1호	064-724-1282
수눌음재가장기요양기관	제주특별자치도 제주시 삼도1동 [삼도일동] 88번지 1호	064-752-1919
주사랑소규모요양원	제주특별자치도 제주시 애월읍 [애월읍] 애월리 145번지 8호	064-799-0855
효나눔노인복지센터	제주특별자치도 제주시 이도2동 [도남동] 68번지 7호	064-753-7878

Dementia Care

저자 | 사이토 마사히코(斎藤正彦)
도쿄대학(東京大学) 의학부 졸업
케세이카이(慶成会) 노년학연구소 대표

주요 저서
임상정신의학강좌(臨床精神医学講座12)
정신의학과 법(精神医学と法, 中山書店)
오늘의 정신과 치료지침(今日の精神科治療方針, 聖和書店)
오늘의 노년기 치매치료(今日の老年期痴呆治療, 金剛出版)
신노년학(新老年学, 共著, 東大出版会)
회상법 그룹 매뉴얼(回想法グループマニュアル, 共著, ワールドプランニング)

옮긴이 | 어흥선
1989년 동덕여자대학교 일어일문학과 졸업
1989년 일본 문부성 장학생으로 도일
1992년 일본 나라여자대학교 근대문학 석사 수료
1997년 일본 나라여자대학 근대문학 박사 수료
2009년 일본 사회사업대학 대학원 복지 매니지먼트 연구과 복지 매니지먼트 석사
현재 경동대학교 사회복지경영학부 사회복지학과 재직

치매케어 상식 100가지

발행일 | 2011년 6월 28일
초 판 | 1쇄

지은이 | 사이토 마사히코
옮긴이 | 어흥선
펴낸이 | 황재영
편 집 | 김은진
펴낸곳 | 주식회사 노인연구정보센터

서울특별시 마포구 신공덕동 167 대우 메트로디오빌 910호
전화 | 070-8274-2100 팩스 | 02-701-0840
www.eic2010.co.kr

Copyright ⓒ 주식회사 노인연구정보센터, 2011, Printed in Korea.
ISBN 978-89-964753-9-2 93330

이 책의 내용을 무단 복제하는 것은 저작권법에 의해 금지되어 있습니다.
파본이나 잘못된 책은 교환해 드립니다.